Studenten Kochbuch

110 Einfache, leckere, schnelle und günstige Rezepte für kleines Budget

INKLUSIVE DIE BESTEN TIPPS & TRICKS

1. Auflage 2020

Inhaltsverzeichnis

Einleitung

Sehr viele Studenten sind dazu gezwungen, ihre Häuser zu verlassen, um zu studieren. Die eigene erste Wohnung, wie aufregend! Aber das bringt natürlich viel Verantwortung mit sich. Wasser, Strom, Internet: Sie müssen das alles selbst organisieren. Und sonst müssen Sie von nun an Ihr eigenes Leben gestalten können. Zum Beispiel waschen sich ihre Kleider nicht von selbst. Und Mama kommt bestimmt nicht jeden Samstag, um ein paar Klamotten abzuholen. Die Selbstbedienung bzw. das eigenständige Kochen ist für viele auch eine große Herausforderung.

Doch muss das eigentlich sein, das man nachhause kommt und einfach nicht weis, wie man sein Essen zubereitet? Die Antwort lautet ganz deutlich „NEIN".

In diesem Kochbuch findest du phänomenale 110 Rezepte für die Studentenküche, die man in wenigen Minuten und mit kaum bis gar keine Kochskills zubereiten kann.

Zudem spielen bei den Rezepten auch das Budget eine große Rolle!

Du erfährst zudem die besten Tipps und Tricks für die Studentenküche. Diese Tipps und Tricks sind sehr einfach umzusetzen und helfen dir extrem als Kochanfänger weiter.

Ich wünsche dir jetzt viel Freude mit diesem Kochbuch.
Manfred Heimer

Der Anfang - Das benötigst du

Um als Küchenanfänger richtig zu kochen, braucht man wichtige Küchenutensilien, mit denen man das meiste schnell und einfach zubereiten kann.

Hier findest du im Überblick die wichtigsten Küchenutensilien für deine Küche

- Schneidbrett
- Nudelsieb
- Quirl (Schneebesen)
- Pfannen
- Töpfe
- Standmixer
- Sieb
- Stabmixer
- Sparschäler
- Kelle
- Scharfe große und kleine Küchenmesser
- Pfannenwender oder/und Kochlöffel
- Nudelholz
- Messbecher
- Küchenwaage

Die besten Tipps und Tricks für ein erfolgreiches erstes Kochen

Spüle deine Nudeln nicht ab!
Viele Rezepte empfehlen Nudeln nach dem Kochen mit kalten Wasser abzuspülen. Mach dies bloß nicht!
Nachdem die Nudeln nämlich abgespült werden bleiben die Soßen nicht mehr haften.

Wen das Gemüse mal versalzen ist.
Versalzenes Gemüse rettest du am besten, wenn du dazu eine helle Soße hinzugibst, die komplett ungewürzt bleibt:

Lasse hierfür etwas Butter (Margarine geht auch) in einer Pfanne aus und gebe einfach die gleiche Menge an Mehl hinzu.

Ist jetzt beides vermischt, gebe anschließend etwas Wasser hinzu, bis eine Art Soße entsteht.

Das versalzene Gemüse kannst du nun zu der Soße hinzugeben. Nur mehr gut durchziehen lassen.

Als Alternative kann man das versalzene Gemüse auch in kochender Milch schwenken. Die Milch nimmt dann das überschüssige Salz aus. Wenn man danach den milchigen Geschmack loswerden möchte, kann man hier etwas Petersilie in das Gemüse geben. Die Petersilie nimmt dann den milchigen Geschmack auf.

Was man bei versalzenen Kartoffeln tun kann.
Wenn die Kartoffeln einmal versalzen sind, ist das nicht so schlimm. Gebe einfach die Kartoffeln mit Wasser in einen Topf und koche diesen mit einer ROHEN Kartoffel erneut kurz auf. Durch dieses Verfahren nimmt die rohe Kartoffel einfach das überschüssige Salz auf.

So schneidest du eine Paprika richtig.

Eine Paprika richtig zu schneiden ist im Prinzip sehr einfach. Du benötigst nur die richtigen Utensilien.

Du benötigst ein scharfes Messer, ein Schneidebrett und ein Behältnis für die Paprikastücke.

Und so funktioniert es: Schneide den Deckel ab und entferne anschließend den Boden. Beide Seiten kannst du je nach Gefühl mitschneiden, wobei die abgeschnittenen Stücke jeweils fingerbreit sein sollten.

Jetzt werden die Kerne entfernt: Hierzu die Paprika an einer Seite einschneiden.
Anschließend kann man den Kern einfach herausgelöst werden.
Das Innenstück kann jetzt entsorgt werden.
Nun kannst du die Paprika wie du möchtest weiterverarbeiten.

So schälst du einfach Kartoffeln
Ritze die rohen Kartoffeln einfach einmal rundherum ein. Nachdem du sie gekocht hast, lege sie sofort in ein eiskaltes Wasser. Nach ca. 1-2 Minuten herausnehmen. Nun kannst du die eingeritzte Schale ganz einfach mit den Fingern abziehen.

So lassen sich Kartoffeln einfacher als gewohnt schälen
Schäle die Kartoffeln nicht sofort, nachdem abgießen. Lasse die Kartoffel lieber für paar Minuten im geschlossenen Kochtopf „ruhen". Nach den paar Minuten die Kartoffeln einzeln herausnehmen und schälen. Jetzt sollte es einfacher von Hand gehen.

Wie deine Milch nicht mehr überkocht

Methode 1: Stelle einfach einen Löffel in den Topf mit Milch. Das Metall wird sich schneller als die Milch erwärmen und die überschüssige Hitze entweicht über den Stiel des Löffels.

Durch diese Methode weist du wie weit die Milch schon ist und es bildet sich zudem keine Haut auf der Milch.

Methode 2: Reibe vor dem Kochvorgang den Rand des Topfes mit etwas Öl oder Butter ein. So wird die Milch nicht einfach überlaufen können, da die Fettschicht die Flüssigkeit im Topf behält.

Methode 3: Wenn du dir ganz sicher sein möchtest, das die Milch nicht anbrennt, dann beobachte ständig die Milch beim Herd und rühre sie permanent um.

Auflauf verbrannt? So verbrennt er nicht mehr!

Methode 1: Decke den Auflauf vor der Zubereitung mit etwas Alufolie ab. Achte hierbei unbedingt auf die Backzeit deines Auflaufs! Ca. 5 bis 10 Minuten bevor der Auflauf fertig ist die Alufolie entfernen damit er eine schöne Kruste bekommt.

Methode 2: Ist der Auflauf verbrannt worden, kann man ihn dennoch retten.
Schneide die obere Schicht des Auflaufs einfach komplett ab und gebe hier eine Mischung aus Milch, Ei und Käse darüber. Nun überbacken den Auflauf noch einmal bei Mittlerer-Stufe und schon ist er gerettet.

Methode 3: Auch wenn der untere Teil verbrannt ist, kann man ihn retten.
Entferne beim Auflauf einfach den oberen Teil und gebe diesen in eine andere bzw. neue Auflaufform.
Jetzt kannst du wieder die Mischung aus Milch, Ei und Käse darüber geben und sie für paar Minuten im Ofen fertig backen.

So kochst du Eier richtig, ohne das sie platzen

Methode 1: Lege die Eier, die du kochen möchtest einfach in ein kaltes Wasser und lasse sie gemeinsam mit dem Wasser heiß werden. So platzen die Eier nicht auf.

Methode 2: Füge dem Kochwasser einfach 2 Teelöffel Salz zum Kochwasser hinzu. So verhindert man, dass das Ei aufplatzt.

Methode 3: Steche mit einer spitzen Nadel die stumpfen Enden der Eier an. Diese Methode ist einer der besten überhaupt, um Eier vor dem Aufplatzen zu schützen.

Das richtige Fett beim Kochen

Achte darauf, dass du bei höheren Temperaturen keine Butter und Olivenöl verwendest.
Verwende stattdessen lieber ein Öl mit einem hohen Rauchpunkt wie z.B. Pflanzenöl oder Erdnussöl.

Geschnittenes Gemüse richtig aufbewahren

Bewahre das geschnittene Gemüse im kalten Wasser auf, um das Oxidieren und braun werden zu verhindern.

Das Abtupfen vom Fleisch vor dem Anbraten

Bevor du Fleisch in einer Pfanne anbrätst, ist es ratsam es davor mit Küchenkrepp gut abzutupfen. Durch das Abtupfen bekommt das Fleisch eine krosse Haut und die Flüssigkeit wird eingeschlossen.

Das rutschfeste Schneidebrett

Indem man ein Geschirrhandtuch unter ein Schneidebrett legt, verhindert man, dass das Schneidebrett wandert. Es erleichtert das Schneiden und hilft dabei Unfälle zu vermeiden, die durch das Abrutschen von einem Messer entstehen könnten.

Grundteig Rezepte

In diesem Teil des Buches findest du tolle Grundteig Rezepte, mit denen du dann verschiedene Gerichte nach Wunsch zubereiten kannst.

Nudelteig Grundrezept

Die Zutaten:

- 250 g griffiges Mehl
- 3 Eier
- 1 EL Wasser

Zubereitung:

1. Das Mehl zu einer kleinen Stelle auf der Arbeitsfläche geben. Eine Vertiefung hineindrücken und die Eier hineingeben.
2. Jetzt alles gut verkneten bis ein schöner geschmeidiger Teig entsteht (das dauert mindestens so 10- bis 12 Minuten). Falls der Teig zu hart ist 1 EL Wasser hinzufügen. Ca. 30 Minuten in Frischhaltefolie gewickelt kühl rasten lassen.

Waffelteig Grundrezept

Zutaten:

- 125 g Butter (weiche)
- 100 g Zucker
- 1 Packung Vanillezucker
- 3 Eier
- 250 g Mehl
- 1 Prise Salz
- 1 TL Backpulver
- 200 ml Milch

Zubereitung:

1. Die Butter mit Zucker und Vanillezucker verrühren. Die Eier nach und nach unterrühren. Mehl, Backpulver und Salz miteinander vermischen und zum Teig rühren.
2. Nun die Milch langsam unterrühren und fertig ist der Waffelteig.

Hefeteig Grundrezept

Zutaten:

- 500 g Mehl
- 75 g Zucker
- 1 Prise Salz
- 1 Würfel (42 g) frische Hefe
- 200 ml lauwarme Milch
- 100 g weiche Butter
- 2 Eier

Zubereitung:

1. Mehl, Zucker und Salz in einer großen Schüssel mischen. In die Mitte eine Mulde drücken. Der Hefe und 5 EL lauwarme Milch verrühren, in die Mehlmulde geben und mit etwas Mehl vom Rand verrühren. Den Vorteig an einem warmen Ort zugedeckt ca. 15 Minuten gehen lassen.
2. Butter, Eier und übrige Milch zum Vorteig geben und zunächst mit den Knethaken des Handrührgerätes, dann mit den Händen, zu einem glatten Teig verkneten.
3. Den Hefeteig an einem warmen Ort zugedeckt 30-45 Minuten gehen lassen, bis er sein Volumen ca. verdoppelt hat. Weil der Hefeteig dafür ordentlich Sauerstoff benötigt, die Schüssel nur mit einem sauberen Geschirrtuch abdecken aber nicht verschließen.
4. Auf der leicht bemehlten Arbeitsfläche nochmals kurz durchkneten und gegebenenfalls abschlagen. Den Teig hierfür mehrmals kraftvoll auf die Arbeitsfläche werfen, damit das Kohlendioxid aus der Masse entweichen kann. So wird der Teig wunderschön elastisch und geht beim Backen gleichmäßig auf.
5. Den Teig auf einem Backblech ausrollen und nun noch ein weiteres Mal gehen lassen, bis sich sein Volumen sichtbar vergrößert hat.
6. Nun ist der Teig fertig.

Pfannkuchen Grundrezept

Zutaten:

- 2 Eier
- 200 ml Milch
- 1 Prise Zucker
- 1 Prise Salz
- 200 g Mehl
- 60 ml Mineralwasser
- etwas Speiseöl zum Ausbacken

Zubereitung:

1. Eier mit Milch, Zucker, Salz, Mehl und Mineralwasser zu einem schönen glatten Teig rühren.
2. Bei Bedarf noch etwas Mehl oder Wasser hinzugeben, um die gewünschte Konsistenz zu erreichen.

Biskuitboden Grundrezepte

Zutaten:

- 3 Eier
- 120 g Zucker
- 1 Prise Salz
- 90 g Mehl
- 2 TL Backpulver
- etwas Butter für die Form

Zubereitung:

1. Die Eier mit Zucker 5 Minuten schön schaumig schlagen. Hierdurch sollte sich das Volumen verdoppeln. Die Masse wird mit der Zeit dickflüssig.
2. Das Mehl mit dem Salz und Backpulver gut vermischen und zu der Eiermasse sieben, damit keine Klümpchen entstehen. Den Backofen auf 180 Grad (Umluft: 160 Grad) vorheizen.
3. Nach und nach vorsichtig unterheben, damit nicht zu viel Luft entweicht. Eine Springformboden (Ø 26 cm) einfetten. Teig einfüllen und im vorgeheizten Ofen ca. 20 Minuten backen. Mit einem Messer zwischen Teig und Springformrand entlang gehen und somit den Rand lösen. Den Biskuitboden auf ein Kuchengitter stürzen und abkühlen lassen.

Schnelle Frühstücks Rezepte

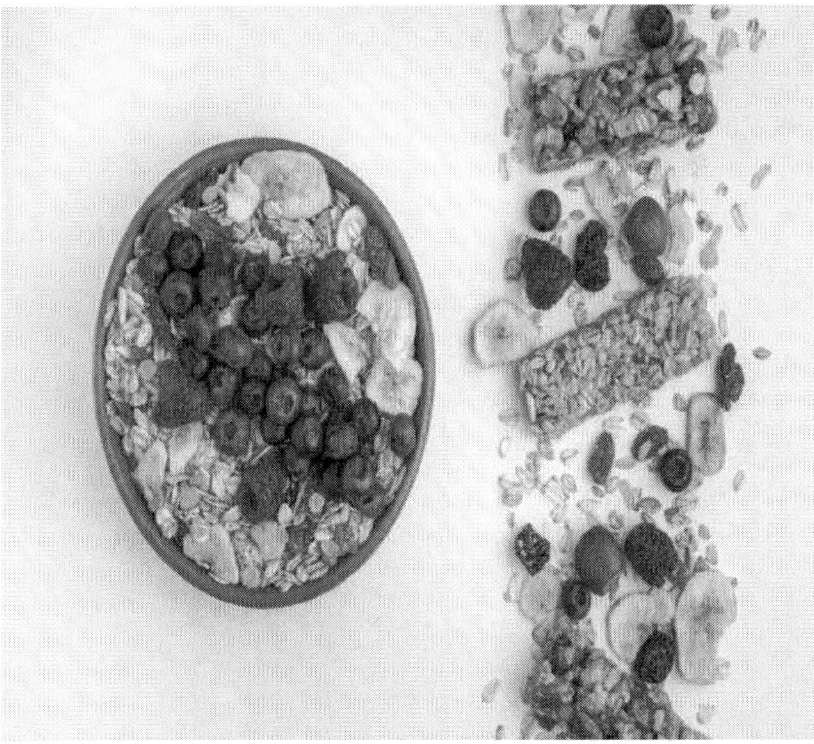

Süßes Haferflocken Müsli

Zutaten für 2-3 Portionen:

- 1/2 Zitrone
- 150 g Haferflocken, zarte
- 50 g Cranberries, getrocknet
- 100 ml Apfelsaft
- 50 g Mandeln
- 3 EL Ahornsirup
- 300 g Frischkäse, körniger
- 150 g Naturjoghurt
- etwas Zimt
- 2 Birnen

Zubereitung:

1. Den Saft der Zitrone auspressen und die Birnen klein schneiden.
2. Alle Zutaten in eine Schüssel geben und sofort essen.
3. Guten Appetit.

Joghurt Haferflocken Müsli

Zutaten für 2-3 Portionen:

- 130 g Haferflocken, zarte
- 2 große Äpfel
- 25 g Rosinen
- 35 g Mandeln, klein gehackt
- 3 Tassen Wasser, kaltes (à la ca. 150 ml pro Tasse)
- 250 g Joghurt
- Zimt

Zubereitung:

1. Die Haferflocken mit dem Wasser übergießen und etwas durchrühren, damit die Flocken das Wasser schneller und besser aufnehmen. Während die Haferflocken quellen, die Äpfel in kleine Stückchen schneiden und zu den Haferflocken geben.
2. Dann die Mandeln und die Rosinen zugeben. Nun den Joghurt unterrühren und das Ganze nach Geschmack mit Zimt schön abschmecken.

Haferbrei mit Banane und Honig

Zutaten für 3-4 Portionen:

- 600 ml Haferdrink (Hafermilch)
- 200 g Haferflocken
- 2 Bananen
- 1 EL flüssiger Honig
- 1 TL Zimt

Zubereitung:

1. Hafermilch mit den Haferflocken aufkochen und unter gelegentlichem Rühren 10–15 Minuten etwas köcheln lassen bis der Hafer gequollen und ein Brei entstanden ist. Den Zimt unterrühren. Bei Bedarf einfach noch etwas Hafermilch zugeben.
2. In Schüsseln füllen. Die Bananen schälen, in Scheiben schneiden und auf dem Porridge anrichten. Mit etwas Honig beträufelt servieren.
3. Lass es dir schmecken.

Fruchtiger Erdbeer-Bananen-Smoothie mit Haferflocken und Joghurt

Zutaten für 2-3 Portionen:

- 250 g Erdbeeren
- 2 Bananen
- 5 EL Haferflocken, fein
- 300 g Naturjoghurt, fettarm
- 100 ml Milch
- 2 TL Honig

Zubereitung:

1. Bananen schälen und klein schneiden. Die Erdbeeren mit den Bananenstücken in den Mixer geben und pürieren.
2. Haferflocken, Naturjoghurt und Milch dazugeben. Zuletzt den Honig unterrühren und alles gut durchmixen.

Kokos Haferflocken

Zutaten für 2-3 Portionen:

- 150 g Haferflocken
- 40 g Mandeln, gemahlen
- 5 EL Kokosraspel
- 300 ml Milch
- 100 g Joghurt
- n. B. Vanillezucker

Zubereitung:

1. Alle Zutaten, bis auf den Vanillezucker, in einer Schüssel vermengen. Je nach gewünschter Konsistenz können mehr Haferflocken oder Milch zugegeben werden.
2. Mit Vanillezucker bis zur gewünschten Süße abschmecken und über Nacht, mindestens aber 2 Stunden, in den Kühlschrank stellen und quellen lassen.

Chiasamen Haferflocken

Zutaten für 3 Portionen:

- 135 g Haferflocken, kernige
- 3 EL Chiasamen
- 3 EL Leinsamenschrot
- 2 TL Vanillepulver oder Honig
- 300 ml Milch, Sojamilch oder Kokosmilch
- 1 Apfel oder anderes Obst
- 1 EL Mandeln, gehobelt, oder Kokosflocken

Zubereitung:

1. Die Haferflocken mit Chiasamen, Leinsamen und Vanille oder auch Honig in ein Glas mit Deckel geben und gründlich vermischen. Nun die Milch zugeben. Den Apfel waschen und schneiden oder reiben und mit in das Glas geben. Die Mandeln oder Kokosflocken darüberstreuen, den Deckel zuschrauben und das Glas einige Stunden in den Kühlschrank stellen.
2. Guten Appetit.

Haferflocken mit Quarkcreme und Obst

Zutaten für 2-3 Portionen:

- 130 g Haferflocken
- 3 EL Leinsamen
- 60 ml für die Haferflocken
- 150 g Quark (Magertopfen)
- etwas Wasser
- 3 Prisen Kurkumapulver, nach Belieben
- 1 Banane
- 1 Kiwi oder Obst nach Wahl
- 1 Prise Kakaopulver 100 % oder Zimt

Zubereitung:

1. In einem Glas oder Gefäß die Haferflocken mit den Leinsamen und der Milch vermischen. Anschließend in einer Schüssel den Magertopfen nach Belieben mit dem Wasser, Kurkuma und den klein geschnittenen Bananenstücken verrühren, sodass eine schöne sanfte Creme entsteht.
2. Die Quarkcreme auf die Haferflockenmischung geben und anschließend mit Kakaopulver oder auch Zimt bestreuen. Anschließend mit Obst nach deiner Wahl, z. B. mit Kiwistücken, dekorieren.

Haferflocken Mug Cake mit Beeren

Zutaten für 1 Mugcake:

- 50 g Haferflocken, zarte
- 80 g Magerquark, 20 % Fett
- 1 Eiweiß
- 2 EL Proteinpulver z.B. Vanillegeschmack
- 1 Schuss Milch
- 70 g Heidelbeeren oder Himbeeren (TK), aufgetaut
- 50 g Joghurt, griechischer
- Süßungsmittel

Zubereitung:

1. Zunächst die Haferflocken mit dem Magerquark, einem Schuss Milch und dem Eiweiß vermengen. Anschließend das Proteinpulver hinzufügen, den Geschmack kannst du entscheiden. Die Milch so dosieren, dass die Masse gut cremig und nicht zu fest ist.
2. Zirka die Hälfte Beeren (Heidelbeeren oder Himbeeren) gleichmäßig in der Masse verteilen und nach Belieben süßen.
3. Nun das Gefäß 4 Minuten bei ca. 800 W in die Mikrowelle stellen. Nach 4 Minuten sollte der Kuchen schön fest sein.
4. Am besten den Mug Cake mit einem Schaber vom Rand lösen und dann auf einen Teller stülpen. Zum Anrichten den griechischen Joghurt und die restlichen Beeren oder anderes Obst hinzufügen.

Gekochte Äpfel mit Haferflocken

Zutaten für 2-3 Portionen:

- 3 Äpfel
- 200 ml Weißwein, oder Wasser
- etwas Rohrzucker
- 3 EL Haferflocken
- Wasser
- n. B. Zimt, Vanillezucker, Rosinen, gehackte Mandeln, Mandelstifte, Zitronensaft

Zubereitung:

1. Die Äpfel schälen und Gehäuse entfernen, in Stücke schneiden und in einen Topf mit dem Wein (bzw. Wasser) geben. Zum Kochen bringen. Die Äpfel sollten knapp mit Flüssigkeit bedeckt sein, also Wasser nachgießen. Wenn die Äpfel die gewünschte Konsistenz erreicht haben (nach ca. 5-10 Minuten), Zucker und Haferflocken unterrühren. Gegebenenfalls Wasser nachschütten. Zuletzt kommen die Gewürze hinzu. Passen tut alles, was zu Äpfeln passt.
2. Am besten warm servieren. Eventuell passt perfekt Eis oder eine Vanillesoße dazu.

Porridge mit Heidelbeeren und Banane

Zutaten für 3 Portionen:

- 150 g Haferflocken, blütenzarte
- 200 ml Sojamilch (Sojadrink), oder Hafermilch
- 2 m.-große Bananen
- 100 g Heidelbeeren (TK) aufgetaut

Zubereitung:

1. Die Bananen in Stücke brechen und in eine Schüssel geben. Mit einer Gabel zerdrücken, bis die Bananen eine gute breiartige Konsistenz hat. Die Haferflocken dazugeben und mit Milch übergießen. Je nachdem, wie flüssig oder fest das Porridge werden soll, kann man die Menge der Milch gerne variieren.
2. Zuletzt die Heidelbeeren dazugeben und umrühren. Die Schüssel bei höchster Stufe in die Mikrowelle stellen und ca. 1,5-2 Minuten erhitzen.

Banane Berry Porridge

Zutaten für 3 Portionen:

- 350 ml Wasser
- 120 g Haferflocken
- 2 Bananen
- einige Beeren nach Wahl, evtl. gemischte (TK), aufgetaut
- n. B. Zimtpulver
- n. B. Honig oder Zucker oder Sirup

Zubereitung:

1. Zuerst das Wasser aufkochen, dann die klein geschnittenen Beeren und die Bananen dazugeben und etwas mitköcheln lassen. Nach Geschmack Zimt und Honig, Zucker oder Sirup hinzugeben. Zuletzt die Haferflocken dazugeben, und solange bei niedriger Hitze köcheln lassen, bis die gewünschte Konsistenz erreicht ist.
2. Statt Wasser kann man auch Tee oder Milch nehmen (mit Milch wird es schön cremig).

Fitness Joghurt Haferflocken Müsli

Zutaten:
- 350 g Naturjoghurt
- 1 Apfel
- 1 Banane
- 120 g Haferflocken
- 50 g Müsli
- 3 TL Honig

Zubereitung:
1. Den Apfel und die Banane in Stücke schneiden. Mit Joghurt, Haferflocken und Müsli mischen. Mit Honig nach Geschmack süßen.
2. Guten Appetit.

Haferflocken-Grießbrei

Zutaten für 3 Portionen:
- 10 EL Grieß, (Weichweizengrieß)
- 10 EL Haferflocken
- 2 Bananen
- 2 TL Zimtpulver
- 2 Msp. Ingwerpulver
- n. B. Milch
- evtl. Honig

Zubereitung:
1. 10 leicht gehäufte EL Grieß und Haferflocken in einen kleinen Topf geben. Dazu die Bananen in Scheiben schneiden, Zimt und Ingwerpulver hinzugeben. Alles nun so im Topf verteilen, dass man eine gleichmäßige Oberfläche hat und nun mit Milch so weit aufgießen, bis die Zutaten gut bedeckt sind. Nun kurz aufkochen lassen, bis es schön blubbert und anschließend bei mittlerer Hitze ziehen lassen, bis es die gewünschte Konsistenz hat. Nicht vergessen dabei regelmäßig umrühren, damit es nicht am Topfboden anbrennt.
2. Anschließend mische noch etwas Honig unter, damit es etwas süßer ist.

Ayurvedischer Haferflocken Brei

Zutaten für 2-3 Portionen:

- 500 ml Wasser
- 4 Handvoll Rosinen
- 2 Pck. Vanillinzucker
- 2 Prisen Kardamompulver
- 2 Äpfel
- 150 g Haferflocken
- Zimtpulver
- Ahornsirup

Zubereitung:

1. Die Äpfel in kleine Würfel schneiden. Dann das Wasser aufkochen, die Rosinen, den Vanillinzucker und eine Prise Kardamom hinzugeben, ca. 2-3 Minuten köcheln lassen.
2. Nun die Apfelwürfel hinzugeben und köcheln lassen, bis der Apfel etwas weich wird. Danach die Haferflocken hinzugeben und unter ständigem Rühren köcheln lassen, bis das Ganze einen Brei ergibt.
3. Nun können nach Lust und Laune Zimt und Ahornsirup hinzugegeben werden. Zum Schluss muss das Ganze nur noch serviert werden.
4. Guten Appetit.

Bananenpancakes

Zutaten für ca. 16 Pancakes:

- 200 g Mehl
- 1 Ei
- 300 ml Milch
- 1 EL Vanillezucker
- 1 Messerspitze Zimt
- 1 Prise Salz
- 2 TL Backpulver
- 2 Bananen
- 25 g geschmolzene Butter
- etwas Öl zum Anbraten
- Ahornsirup als Topping

Zubereitung:

1. Die ganzen Zutaten bis auf Bananen und Butter mit dem Handrührgerät oder der Küchenmaschine verrühren. Die Bananen mit einer Gabel zerquetschen, mit der geschmolzenen Butter zum Teig dazugeben und gut unterrühren, bis ein homogener Teig entstanden ist.
2. In einer Pfanne etwas Öl erhitzen.
3. Portionsweise den Teig in die Pfanne geben, sodass kleine Pancakes in ca. 10cm Durchmesser entstehen. Hierbei die Hitze niedrig bis mittelstark halten.
4. Sobald man auf der Oberseite Bläschen erkennt, ist es an der Zeit die mini Pfannenkuchen zu wenden.
5. Sind die Pancakes auf beiden Seiten goldbraun, können sie mit Ahornsirup serviert werden.

Zimt-Waffeln

Zutaten für 4 Portionen:

- 125 g Butter (weiche)
- 125 g Zucker
- 250 g Mehl
- 3 Eier
- 1 TL Zimtpulver
- 1/2 TL Backpulver
- 1 Prise Salz
- 250 ml Milch
- 2 EL Butter

Zubereitung:

1. Mehl mit dem Backpulver vermengen. Butter, Zucker, Zimtpulver und Eidotter schaumig rühren.
2. Das Mehl einrühren und die Milch unter den Teig rühren.
3. Eiklar und Salz cremig aufschlagen und unter den Teig heben.
4. Mit etwas Butter das schon erhitzte Waffeleisen bestreichen, 2-3 Esslöffel (je nach Waffeleisen) Teig darauf verteilen und etwa 5 Minuten hellblond und knusprig backen.
5. Mit Zimtzucker bestreuen und genießen.

Vitaminsalat

Zutaten für 3 Portionen:

- 2 Orangen
- 600 g Weintrauben
- 2 Bananen
- 1 EL Zitronensaft
- 0.125l Orangensaft
- 1 EL Honig

Zubereitung:

1. Die Orangen schälen und in kleine Stücke schneiden.
2. Dann die Trauben gründlich waschen und halbieren.
3. Als Nächstes die Bananen ebenfalls schälen und in kleine Scheiben schneiden.
4. Die Obststücke in einer Schüssel mit dem Zitronensaft gut vermischen.
5. Die Marinade den Orangensaft mit dem Honig gut verrühren.
6. Die Marinade über den Fruchtsalat gießen, gut durchmischen und ca. 10 Minuten ziehen lassen.

Topfencreme mit Früchten

Zutaten für 4 Portionen:

- 250 g Magertopfen
- 250 ml Rama Creme fine zum Schlagen
- 100 g Zucker
- 100 g Früchte nach Saison

Zubereitung:

1. Rama Creme fine mit einem Schneebesen oder Handmixer schlagen, mit Zucker und Topfen verrühren und in Dessertschalen anrichten und mit kleingeschnittenen Früchten z.B. Erdbeeren, Himbeeren, Pfirsiche etc. belegen.
2. Fertig ist das schnelle und köstliche Gericht.

Toast mit Spiegelei

Zutaten für 3 Portionen:

- 3 Scheiben Toastbrot
- 3 Eier
- 3 EL Frischkäse
- 1 ½ TL gehackte Kräuter
- 3 Prisen Salz

Zubereitung:

1. Die Eier aufschlagen und in einer Pfanne als Spiegeleier braten.
2. Den Frischkäse mit den Kräutern vermengen. Den Toast braun antoasten und mit dem Kräuterfrischkäse bestreichen.
3. Darauf nun noch das Spiegelei geben und etwas salzen.

Schinken mit Rührei

Zutaten für 3 Portionen:

- 200 g roher Schinken oder Frühstücksspeck
- 5 Eier
- 1 Bund Kräuter (gehackt)
- 1 Paar Cocktailtomaten zum Garnieren
- 1 Paar Gurkenscheiben zum Garnieren
- 1 Prise Salz und Pfeffer

Zubereitung:

1. Den Schinken in hauchdünne Scheiben oder in kleine Würfel schneiden, in der Pfanne glasig braten.
2. Die Eier kräftig verschlagen und mit Salz und Pfeffer würzen, die Masse über den Schinken geben und unter vorsichtigem Umrühren stocken lassen.
3. Einen Teil der gehackten Kräuter untermengen.
4. Nach Belieben die Eiermasse mit den restlichen gehackten Kräutern garnieren.

Sahne-Grießbrei

Zutaten für 2-3 Portionen:

- 200 ml Milch
- 2 EL Kristallzucker
- 1 TL Zimt (gemahlen)
- 1 Pk Vanillezucker
- 1 TL Vanillearoma
- 25 g Butter
- 100 ml Sahne
- 50 g Grieß

Zubereitung:

1. Alle Zutaten bis auf den Grieß werden in einem Topf aufgekocht, danach wird der Topf von der Herdplatte genommen und der Grieß eingerührt.
2. Im Anschluss wird das Ganze für ca. 5 Minuten quellen gelassen, bis eine breiige Masse entstanden ist. Nach Bedarf mit Zucker oder Süßstoff nachsüßen.

Rührei mit Champignons

Zutaten für 3 Portionen:

- 200 g Champignons
- 1 Prise Salz
- 6 Eier
- 1 TL Butter
- 1 Bund Petersilie
- 1 Prise Pfeffer
- 100 g Kirschtomaten
- 50 g Butterkäse

Zubereitung:

1. Die Champignons gründlich putzen und in feine Scheiben schneiden. Die Butter in einer Pfanne erwärmen, die Champignons darin schön anbraten. Eier dazuschlagen und unter leichtem Durchrühren garen.
2. Die Petersilie abtupfen, waschen und trocknen lassen. Die Kirschtomaten waschen und vierteln. Den Butterkäse in feine Würfel schneiden.
3. Die Eierspeise mit Salz und Pfeffer würzen, kurz vor dem Servieren die Kirschtomaten und den Butterkäse unterheben.

Quinoa mit Sauerkirschen

Zutaten für 4 Portionen:

- 80 g Quinoa
- 300 ml Milch
- 1 Glas Sauerkirschen
- 2 EL Kristallzucker
- 1 Prise Zimt (gemahlen)

Zubereitung:

1. Quinoa mit der Milch in einem Topf bei mittlerer Hitze für 15 Minuten leicht köcheln lassen. Dabei immer wieder umrühren damit nichts anbrennen kann.
2. Zwischenzeitlich die Sauerkirschen in einem Sieb gut abtropfen. Im Anschluss die Kirschen mit dem Zimt sowie dem Zucker zum Quinoa geben.
3. Das Ganze noch 5 Minuten ziehen lassen, dadurch kann der Quinoa den Geschmack der Kirschen annehmen.

Schnelle Pasta Rezepte

Nudeln mit Tomaten, Schafskäse und Oliven

Zutaten für 3 Portionen:

- 500 g Nudeln nach Wahl
- 250 g Kirschtomaten
- ½ Glas Oliven, schwarz, ohne Kerne
- 200 g Schafskäse
- Olivenöl
- Salz & Pfeffer
- 2 Zehen Knoblauch
- Basilikum, gehackt

Zubereitung:

1. Die Nudeln nach Packungsanweisung kochen.
2. In einer Pfanne etwas Olivenöl hineingeben, erhitzen und die halbierten Knoblauchzehen darin glasig braten.
3. Tomaten, Schafskäse und Oliven würfeln, bzw. halbieren.
4. Die Nudeln abtropfen lassen und in die Pfanne geben, umrühren und alle anderen Zutaten dazugeben, vermischen und abschmecken. Nur mehr kurz durchziehen lassen, sodass alle Zutaten erwärmt sind.
5. Guten Appetit.

Pasta mit Tomaten-Avocado-Sauce

Zutaten für 2 Portionen:

- 250 g Nudeln
- 1 Avocado, reif
- 1 Tomate
- 1 Knoblauchzehe
- 1 Bund Petersilie
- 50 ml Sahne
- 1 EL Zitronensaft
- Salz & Pfeffer

Zubereitung:

1. Nudeln nach Packungsanleitung bissfest kochen.
2. Das Fruchtfleisch der Avocado zerdrücken und mit Zitronensaft mischen. Die Petersilie und die Knoblauchzehe klein hacken. Die Tomate sehr klein würfeln. Alles mischen und die Sahne dazugeben. Nun im Topf erwärmen aber nicht zum Kochen bringen. Mit Salz und Pfeffer pikant abschmecken.
3. Die abgegossenen Nudeln mit der Sauce servieren.

Nudel-Gemüse-Pfanne

Zutaten für 4 Portionen:

- 500 ml Wasser
- etwas Salz & Pfeffer
- 1 Würfel Brühe
- 4 Handvoll Nudeln nach Wahl
- 4 Handvoll Gemüse (gemischtes, tiefgefroren)
- 150 g Wurst, Schinkenwurst (gewürfelt)
- 1 Becher Schlagsahne
- etwas Käse (Gouda)
- etwas Oregano

Zubereitung:

1. Eine große Pfanne erhitzen, bis sie warm ist.
2. Wasser, Gewürze, Suppenwürfel, die noch nicht gekochten Nudeln sowie Gemüse und Schinkenwurst hineingeben und die Hitze auf die Hälfte reduzieren. 10 Minuten zugedeckt kochen. Danach umrühren und die Sahne dazugeben. 5 Minuten zugedeckt köcheln lassen.
3. Geriebenen Käse drüber streuen. Deckel drauf, bis der Käse geschmolzen ist.

Nudeln mit gebratener Zucchini und Zitrone

Zutaten für 3 Portionen:

- 250 g Penne oder andere Nudeln
- 2 mittelgroße Zucchini
- 3 EL Olivenöl
- 1 Bio-Zitrone Abrieb und Saft
- mindestens 50 g Grana Padano
- Salz & Pfeffer

Zubereitung:

1. Die Nudeln al dente kochen.
2. Zwischenzeitlich die Zucchini mit einer Gemüsereibe in sehr feine Scheiben schneiden.
3. Das Olivenöl in einer großen Pfanne heiß werden lassen. Die Zucchinischeiben darin bei mittlerer Hitze 4 bis 5 Minuten anbraten. Ab und zu wenden, damit alle Zucchinischeiben garen können.
4. Zitronenabrieb und Zitronensaft zu den Zucchini geben und mit Salz und Pfeffer abschmecken
5. Die abgeschütteten Nudeln zu den Zucchini geben und gut vermengen.
6. Den geriebenen Käse hinzufügen, eventuell noch einmal mit Salz und Pfeffer abschmecken und gleich genießen.

Spaghetti mit Grünkohl-Pesto

Zutaten für 4 Portionen:

- 60 g Haselnusskerne
- 100 g geputzter Grünkohl
- Salz, Pfeffer, Zucker
- 1 Bio-Zitrone
- 2 Knoblauchzehen
- 1 Avocado
- 5 EL Olivenöl
- 400 g Spaghetti

Zubereitung:

1. Die Haselnüsse grob hacken und in einer Pfanne ohne Fett rösten, abkühlen lassen. Den Grünkohl gründlich waschen und in kochendem Salzwasser ca. 4 Minuten - blanchieren. Abgießen und abschrecken. 3–4 l Salzwasser (1 TL Salz pro Liter) aufkochen.
2. Die Zitrone mit heißen Wasser waschen, abtrocknen und die Schale fein abreiben. Zitrone auspressen. Knoblauch schälen und grob hacken. Die Avocado entkernen, schälen und grob würfeln. Die vorbereitete Zutaten, Hälfte Nüsse und Öl im Zerkleinerer zu einem groben Pesto zerkleinern. Eventuell etwas Nudelwasser unterrühren. Mit Salz, Pfeffer und Zucker würzen.
3. Die Spaghetti nach Packungsanweisung garen, abgießen. Mit Pesto mischen. Mit Rest Nüssen bestreuen.
4. Guten Appetit.

Knoblauch Pasta

Zutaten für 3 Portionen:

- 350 g Pasta
- 2 EL Butter
- 3 Knoblauchzehen
- 3 EL Mehl
- 250 ml Milch
- 250 ml Gemüsebrühe
- 50 g geriebener Parmesan
- 1 kleine Handvoll Petersilie gehackt
- Salz und Pfeffer

Zubereitung:

1. Die Nudeln nach Packungsanweisung garen.
2. In der Zwischenzeit die Knoblauchzehen schön fein hacken. Butter in einer Pfanne schmelzen lassen und die Knoblauchzehen darin eine Minute bei mittlerer Hitze braten. Das Mehl hinzugeben und eine weitere Minute unter Rühren köcheln lassen.
3. Milch und Gemüsebrühe hinzugeben, alles gut verrühren und einköcheln lassen, bis die Sauce dicker wird. Parmesan und frische Petersilie hinzufügen. Mit Salz und Pfeffer abschmecken.
4. Die fertigen Nudeln mit der Sauce vermischen und heiß servieren.

Tolle Nudelpfanne

Zutaten für 3 Portionen:

- 250 g Nudeln (z.B. Spirelli)
- 2 Scheiben Fleischkäse oder 200 g Fleischwurst oder Schinken
- 3 Eier
- 50 g Käse, aromatischer (wie z. B. Maasdamer), gerieben
- 2 EL Frischkäse (z. B. Brunch Paprika Peperoni oder Kräuter)
- n. B. italienische Kräuter
- Salz & Pfeffer

Zubereitung:

1. Die Nudeln nach Packungsanleitung kochen. Die Nudeln abgießen und beiseite geben.
2. Die Eier in einer Tasse aufschlagen. Mit Salz, Pfeffer und Kräutern würzen und verquirlen. In einer Pfanne zu Rührei braten, Fleischkäse und Nudeln dazugeben.
3. Wenn der Fleischkäse den von dir gewünschten Bräunungsgrad erreicht hat, den Frischkäse dazugeben und in der Pfanne schmelzen lassen. Vor dem Servieren den gerieben Käse unterheben.

Nudeln mit Zucchini und Ziegenkäse

Zutaten für 2-3 Portionen:

- 200 g Nudeln
- 2 EL Olivenöl
- 3 mittlere Zucchinis
- 100 g Ziegenfrischkäse (falls vorhanden von einer Eigenmarke)
- 1 guter Schuss Milch
- 1 - 1 1/2 EL Honig
- 2 Zweige Rosmarin
- Salz & Pfeffer

Zubereitung:

1. Die Nudeln al dente garen. In der Zwischenzeit die Zucchinis mit einem Gemüsehobel in sehr feine Scheiben hobeln.
2. Das Olivenöl in einer Pfanne erhitzen und die Zucchinischeiben darin ca. 5 Minuten anbraten. Salzen.
3. Ziegenfrischkäse dazugeben und bei mittlerer Hitze in der Pfanne schön schmelzen lassen, dabei öfters wieder rühren. Milch, Honig und Rosmarinnadeln hinzufügen. Alles gut vermengen.
4. Die Nudeln abgießen und unter die Zucchini-Ziegenkäse-Sauce heben. Noch einmal mit Salz und Pfeffer abschmecken, dann gleichen servieren.

Spaghetti mit Zitronen und Champignons

Zutaten für 4 Portionen:

- 500 g Spaghetti
- 250 g braune Champignons
- 6 EL Olivenöl
- 2 Knoblauchzehen, gepresst
- Saft und abgeriebene Schale von 1 1/2 Zitronen
- 2 Handvoll Petersilie gehackt
- Parmesan nach Geschmack

Zubereitung:

1. Die Nudeln in reichlich Salzwasser al dente kochen. In der Zwischenzeit die Champignons in feine Streifen schneiden. 1 EL Olivenöl in einer beschichteten Pfanne erhitzen und den Knoblauch darin für 1 bis 2 Minuten andünsten.
2. In einer großen Schüssel Champignonscheiben mit Knoblauchöl, restlichem Olivenöl, Zitronensaft und -schale und gehackter Petersilie vermischen. Gut salzen und pfeffern. Sobald die Pasta perfekt ist abgießen und zügig unter die Zitronenchampignons heben. Noch einmal salzen und pfeffern.
3. Guten Appetit.

Nudeln mit Thunfisch

Zutaten für 4 Portionen:

- 400 g Linguine oder Spaghetti
- Salz
- 60 g Pinienkerne
- 1 Dose (185 g) Thunfisch Natur
- 4 Stiele Dill
- 1–2 Knoblauchzehe
- 1 unbehandelte Zitrone
- 2 EL + 4 TL Olivenöl
- Salz & Pfeffer

Zubereitung:

1. Die Nudeln in kochendem Salzwasser nach Packungsanweisung zubereiten. Die Pinienkerne in einer beschichteten Pfanne ohne Fett rösten. Herausnehmen, abkühlen lassen. Thunfisch abgießen und grob zerkleinern. Dill waschen, trocken schütteln, Fähnchen abzupfen und klein schneiden.
2. Nudeln abgießen. Knoblauch schälen und hacken. Die Zitrone heiß waschen, trocken reiben und Hälfte der Schale in Zesten abziehen. Zitrone halbieren und 1/2 Zitrone auspressen. 2 EL Öl in einer Pfanne erhitzen, Knoblauch darin ca. 2 Minuten andünsten. Pasta, Pinienkerne und Thunfisch dazugeben. Dabei vorsichtig umrühren und 2 Minuten erwärmen. Zum Schluss Zitronenzesten und Dill unterheben
3. Mit Salz, Pfeffer und etwas Zitronensaft abschmecken und auf Teller verteilen. Mit je 1 TL Olivenöl beträufeln gleich servieren und genießen.

Brokkoli-Zitronen-Nudeln

Zutaten für 4 Portionen:

- Salz & Pfeffer
- 500 g Brokkoli
- 1 Zwiebel
- 400 g Bandnudeln
- 3 EL Mandelblättchen
- 2 EL Öl
- 200 g Schlagsahne
- 1 TL Gemüsebrühe (instant)
- 1 Bio-Zitrone

Zubereitung:

1. 3–4 l Salzwasser (1 TL Salz pro Liter) aufkochen lassen. Den Brokkoli gut putzen, waschen, in Röschen teilen. Zwiebel schälen und fein würfeln. Nudeln im kochenden Salzwasser nach Packungsanweisung garen. Den Brokkoli in den letzten 3 Minuten mitgaren.
2. Die Mandeln in einer beschichteten Pfanne ohne Fett rösten und herausnehmen. Öl in der Pfanne erhitzen. Zwiebel darin glasig dünsten. Mit 200 ml Wasser und Sahne ablöschen und aufkochen. Die Brühe einrühren und ca. 8 Minuten einköcheln. Mit Salz, Pfeffer, Zitronenschale und -saft würzen.
3. Die Nudeln samt dem Brokkoli abgießen, mit der Soße mischen. Anrichten und mit Mandeln bestreuen.

Obazda-Nudeln

Zutaten für 3 Portionen:

- 300 g Reisnudeln
- 6 EL Aufstrich (Obazda)
- 6 EL Frischkäse
- 3 Handvoll Rucola oder 1 gewürfelte Tomate
- 3 TL Gemüsebrühepulver
- Schnittlauch
- Paprikapulver

Zubereitung:

1. Ca. 2 Gläser Wasser in einem Topf erhitzen, die Nudeln und Brühepulver hinzugeben und 4 Minuten kochen lassen, Herd ausschalten. Ggf. zu viel überschüssiges Wasser abgießen (ein bisschen darf noch am Topfboden stehen).
2. Obazda und Frischkäse unterrühren. Optional eine Handvoll Rucolablätter oder/und 1 gewürfelte frische Tomate dazugeben. Ggf. nachsalzen nach Bedarf. Mit Paprikapulver bestäubt und mit Schnittlauch bestreut servieren.
3. Guten Appetit.

Pasta in Tomatensauce mit Frischkäse

Zutaten für 2-3 Portionen:

- 250 g Pasta
- Salzwasser
- 1 Dose Tomaten, stückige
- 100 g Frischkäse
- 1 Schalotte oder 1/2 Zwiebel
- 1 Zehe Knoblauch
- 2 EL Butter oder Margarine
- Oregano
- evtl. Basilikum
- Salz & Pfeffer

Zubereitung:

1. Salzwasser für die Nudeln aufstellen. In der Zwischenzeit die Schalotte und den Knoblauch fein hacken. Die Pasta ins kochende Wasser geben und nach Packungsanleitung garen.
2. Die Butter in einer Pfanne schmelzen. Danach die Schalotten- und Knoblauchstücke leicht anschwitzen. Die Tomaten in die Pfanne geben. Umrühren und bei mittlerer Stufe leicht köcheln lassen. Den Frischkäse dazugeben und schmelzen lassen.
3. Anschließend die Soße mit Salz, Pfeffer und Oregano abschmecken. Wenn die Nudeln fertig bzw. gar sind, abtropfen lassen und in die Pfanne geben. Mit der Soße vermischen und servieren.

Schinken-Lauch-Pasta

Zutaten für 3 Portionen:

- 250 g Pasta nach Wahl
- 1 Lauchstange
- 50 g Schinkenspeck in Würfeln
- 1 Knoblauchzehe
- viel Schnittlauch
- 50 ml Milch
- 50 g Frischkäse, gerne Kräuterfrischkäse
- Salz & Pfeffer aus der Mühle
- etwas Paprikapulver, edelsüß
- Muskat, gerieben
- etwas Olivenöl zum Braten

Zubereitung:

1. Einen Topf mit reichlich gesalzenen Wasser ansetzten. Den Lauch gründlich putzen und in dünne Ringe schneiden. Den Knoblauch schälen und kleinhacken. Schnittlauch waschen, trocken schütteln und kleinschneiden.
2. Eine Pfanne mit ein wenig Öl erhitzen. Inzwischen sollte das Wasser kochen: Die Pasta hineingeben. Den Lauch, die Schinkenwürfel und den Knoblauch gut im Öl anschwitzen. Nach 4 - 5 Minuten die Temperatur runterstellen und die Milch angießen. Den Frischkäse und den Schnittlauch unterrühren und mit viel Pfeffer, Salz, Paprika und Muskat würzen. Wenn die Pasta al dente ist, 2 - 3 Esslöffel vom Kochwasser an die Soße geben.
3. Die Pasta abschütten und unter die Soße heben. Das Gericht servieren und genießen.

Spinatspaghetti

Zutaten für 4 Portionen:

- 500 g Spaghetti
- 1 Pck. Rahmspinat, TK
- 2 Pck. Saucenpulver, (Kräutersauce), kann man meistens schon als Doppelpack kaufen
- 150 ml süße Sahne
- Salz & Pfeffer

Zubereitung:

1. In einem großen Topf die Kräutersauce nach Anleitung zubereiten. Den Spinat in der Sauce erhitzen, die Sahne unterrühren, kurz köcheln lassen und die Sauce mit Salz und Pfeffer abschmecken.
2. Währenddessen die Spaghetti in reichlich Salzwasser bissfest kochen. Abgießen und sofort mit der Sauce servieren.

Paprika-Nudel-Pfanne

Zutaten für 3-4 Portionen:

- 400 g Nudeln (Gabelspaghetti) (von z.B. Aldi)
- 1 Glas Ajvar, milder (ca. 330 g) (jugoslawische Paprikasauce)
- 1 große Zwiebel
- 1 Paprikaschote, gelbe
- 1 Paprikaschote, grüne
- 1 EL Zucker
- 10 Frikadellen (Cevapcici, TK)

Zubereitung:

1. Die Nudeln nach Packungsanweisung in Salzwasser bissfest kochen. Anschließend durch ein Sieb abgießen und zurück in den Topf geben.
2. Die Zwiebel schälen und grob hacken. Die Paprikaschoten putzen und in kleine Würfel schneiden
3. Cevapcici (aus der Tiefkühltruhe) in mundgerechte Stücke schneiden. In eine heiße Pfanne geben und zusammen mit den Zwiebel- und den Paprikawürfeln anbraten. Mit dem Ajvar vermengen und mit dem Zucker abschmecken. Über die abgegossenen Nudeln geben und gut vermischen. Nur kurz erwärmen und gleich servieren.

Sommerliche Spaghetti mit Tomaten

Zutaten für 3 Portionen:

- 350 g Spaghetti
- 4 Tomaten
- 1 EL Tomatenmark
- ½ Handvoll Pinienkerne
- 1 Handvoll Basilikum
- 1 Handvoll Parmesan, geriebener
- 2 Knoblauchzehen

Zubereitung:

1. Die Spaghetti nach Packungsanweisung in Salzwasser al dente kochen. In der Zwischenzeit die Tomaten entkernen und in Würfel schneiden.
2. Wenn die Spaghetti al dente sind, eine Pfanne erhitzen und das Tomatenmark und die Pinienkerne in etwas Olivenöl anrösten. Die Spaghetti abtropfen lassen und dazugeben. Den Knoblauch abziehen, dazupressen und durchschwenken.
3. Die Pfanne vom Herd nehmen, nun Tomatenwürfel und Parmesan zufügen und kurz durchziehen lassen (ca. 1 Minute). Kurz vor dem Anrichten noch die frischen Basilikumblätter untermischen und sofort servieren.

Nudeln mit cremige Schinken-Sahne-Sauce mit griechischem Joghurt

Zutaten für 4 Portionen:

- 4 Tassen Fusilli à ca. 200 - 250 ml Inhalt
- 2 Zwiebeln
- 250 g Speckwürfel
- 400 g Sahne
- 300 g Joghurt, griechischer
- 2 Handvoll Cocktailtomaten
- n. B. Gemüsebrühepulver, z. B. Tellofix
- Salz & Pfeffer
- 2 Prisen Muskat
- 2 Schuss Öl

Zubereitung:

1. Das Salzwasser aufkochen lassen und Nudeln (die ca. 10 Minuten brauchen) hineingeben.
2. Die Zwiebel in kleine Würfel schneiden und bei mittlerer Hitze mit ein wenig Öl in der Pfanne anbraten, bis sie bräunlich sind. Speckwürfelchen dazugeben, ca. eine Minute anbraten. Mit Sahne und griechischem Joghurt ablöschen. Ab jetzt immer wieder umrühren, da es sonst festbrennt. Nach Belieben mit Gemüsebrühepulver, Salz und Pfeffer würzen und aufkochen lassen (auf ca. Stufe 6).
3. Die halbierte Cocktailtomaten, ca. 2 - 3 Minuten bevor die Nudeln fertig sind, in die Sauce geben und mitkochen lassen.
4. Nudelwasser abgießen und Nudeln in die Sauce geben, alles vermischen und servieren.
5. Guten Appetit.

Pasta mit Tomaten-Mozzarella-Sauce

Zutaten für 3 Portionen:

- 4 Handvoll Penne Rigate
- Salzwasser
- 3 große Tomaten
- 2 Pck. Mozzarella
- etwas Salz und Pfeffer, schwarzer
- 1 EL Öl nach Wahl
- 4 Blätter Basilikum

Zubereitung:

1. Die Nudeln nach Packungsanweisung im Salzwasser kochen. Währenddessen die Tomaten in einem hohen Teller (damit die Flüssigkeit aufgefangen wird) in viele kleine Würfel schneiden (etwa erbsengroß).
2. Die zerkleinerten Tomaten nun in eine Schüssel geben und den Mozzarella auf die gleiche Weise schneiden. Anschließend den Mozzarella zu den Tomaten geben. Mit dem Öl, Salz, Pfeffer und zerrupften Basilikumblättern verfeinern.
3. Nun alles vermischen und kurz ziehen lassen (ca. 10 Minuten). Die kalte "Soße" auf den heißen Penne servieren.
4. Lass es dir gut schmecken.

Spaghetti mit Tofu-Sahne-Soße

Zutaten für 3 Portionen:

- 300 g Spaghetti
- 600 g Räuchertofu
- 1 ½ Flasche Sojasahne (Sojacreme Cuisine)
- 225 ml Sojamilch (Sojadrink)
- Salz & Pfeffer
- 3 EL Öl

Zubereitung:

1. Spaghetti nach Packungsanweisung kochen.
2. Den Räuchertofu mit einer Gabel klein zerbröseln und im heißen Öl in einer Pfanne 2-3 Minuten anbraten. Die Pflanzensahne und die Pflanzenmilch zugeben und ein paar Minuten zugedeckt bei kleiner Flamme köcheln lassen.
3. Kurz bevor die Spaghetti fertig sind, die Soße mit Salz und Pfeffer abschmecken.

Pasta-Pfanne mit Ei

Zutaten für 3 Portionen:

- 9 Stk Basilikum (frisch oder getrocknet)
- 15 g Butter
- 6 Eier
- 3 Knoblauchzehe, gehackt
- 3 Stk Lauch, klein geschnitten
- 60 ml Milch
- 3 Prise Salz & Pfeffer
- 120 g Spiralnudeln
- 500 g Tomaten

Zubereitung:

1. Die Nudel in kochendes Salzwasser geben und al dente kochen.
2. Die gewaschene Tomaten würfelig schneiden. Eier, Milch, Wasser und Knoblauch versprudeln. Salzen, pfeffern und Basilikum einrühren.
3. Nudeln, Lauch und Tomaten in eine Pfanne mit erhitzter Butter geben. Das Eigemisch eingießen, bei niedriger Temperatur stocken lassen und pfeffern.

Einfache Käsenudeln

Zutaten für 3 Portionen:

- 300 g Spiralen (Fussili)
- 150 g Gouda
- 1 Prise Salz
- 1 TL Schnittlauch (frisch, klein geschnitten)
- 1 Schuss Olivenöl für die Pfanne
- 1 Prise Pfeffer

Zubereitung:

1. Die Nudeln al dente kochen. Hierfür reichlich Salzwasser zustellen und die Nudeln darin bissfest kochen.
2. Während die Nudeln kochen den Käse reiben oder fein schneiden. Den Schnittlauch gut waschen, trocken schütteln und fein hacken.
3. Die gekochten Nudeln durch ein Nudelsieb abgießen und abtropfen lassen.
4. In einem Topf oder einer Pfanne das Olivenöl erhitzen und die Nudeln kurz darin schwenken. Anschließend den Käse dazu geben, kurz durchmischen und den Schnittlauch sowie Salz und Pfeffer hinzugeben. Dabei regelmäßig umrühren bis der Käse geschmolzen ist.

Schnelle Schinken-Käsespätzle

Zutaten für 2 Portionen:

- 300 g Champignons
- 3 EL Butter
- 50 g Schinkenwürfel
- 300 g Spätzle (Kühlregal)
- etwas Salz
- etwas Pfeffer
- etwas Muskat
- 2 Stiele glatte Petersilie
- 70 g geriebener Gouda

Zubereitung:

1. Pilze gründlich putzen, eventuell waschen und je nach Größe halbieren oder vierteln. Butter in einer großen Pfanne erhitzen. Pilze darin ca. 5 Minuten braten, dann Schinkenwürfel und Spätzle zugeben. Ca. 5 Minuten unter Wenden weiterbraten.
2. Mit Salz, Pfeffer und Muskat gut abschmecken.
3. Petersilie waschen, trocken schütteln, Blätter grob hacken und mit den Spätzle mischen. Spätzle anrichten und mit Käse bestreuen. Sofort servieren.
4. Guten Appetit.

Schnelle Spaghetti mit Paprika Pesto

Zutaten für 2 Portionen:

- 200 g Spaghetti
- Salz & Pfeffer
- 1 Knoblauchzehe
- 20 g Parmigiano (Käse) (Stück)
- 30 g Nusskernmischung
- 2 EL Ajvar (Paprikazubereitung; Glas)
- 2 EL Olivenöl
- 1 TL Thymian (frisch oder getrocknet)

Zubereitung:

1. Die Nudeln in 4–5 l kochendem Salzwasser (1 TL Salz pro Liter) nach Packungsanweisung garen.
2. Den Knoblauch schälen. Knoblauch, Nuss Mix und Parmigiano grob hacken. Mit Ajvar pürieren. Öl einrühren, bis eine cremige Konsistenz entsteht. Mit Thymian, etwas Salz und Pfeffer abschmecken. Nudeln abgießen.
3. Mit dem Pesto mischen und anrichten.
4. Lass es dir gut schmecken.

Pasta mit Pilzen und Knoblauch

Zutaten für 2 Portionen:

- 200 g Fusilli
- 250 g gemischte Pilze
- 1 Knoblauchzehe
- 20 g Parmigiano (Käse)
- 2 EL, geh. Crème légère
- etwas Meersalz, schwarzer Pfeffer und Olivenöl

Zubereitung:

1. Die Fussili in kochendem Salzwasser nach Packungsangabe garen, abgießen und dabei noch einen Becher Kochwasser auffangen.
2. Inzwischen Pilze gründlich putzen. Knoblauch schälen, in feine Scheiben schneiden und in einer großen beschichteten Pfanne in ½ EL Olivenöl bei mittlerer bis starker Hitze ca. 1 Minute anbraten. Pilze zugeben, größere Exemplare in Stücke geteilt, mit Salz und Pfeffer würzen und ca. 8 Minuten goldbraun anbraten, dabei ab und zu durchschwenken.
3. Abgetropfte Pasta und 1 Schuss Kochwasser unter die Pilze mischen, den Großteil des Parmesans hineinreiben und Crème légère unterziehen. Abschmecken und mit dem restlichen geriebenen Parmigiano schön bestreut genießen.
4. Guten Appetit.

Schnelle Pasta mit Sahnepesto

Zutaten für 4 Portionen:

- Salz & Pfeffer
- 300 g Brokkoli
- 1 Zucchini
- 400 g Spaghetti
- 125 g junger Spinat
- 300 g TK-Erbsen
- 100 g Schlagsahne
- 125 g Pesto (aus dem Glas)

Zubereitung:

1. 3–4 l Salzwasser (1 TL Salz pro Liter) aufkochen. Brokkoli gut putzen, waschen und in kleine Röschen teilen. Zucchini putzen, waschen und klein schneiden.
2. Die Nudeln im kochenden Salzwasser nach Packungsanweisung garen. Spinat verlesen, waschen, abtropfen lassen. Brokkoli, Zucchini und gefrorene Erbsen die letzten 3 Minuten mitkochen. Nun alles abgießen. Mit Spinat, Sahne und Pesto zurück in den Topf geben, gut mischen.
3. Mit Salz und Pfeffer abschmecken.

Pasta mit Kichererbsen-Sauce

Zutaten für 2 Portionen:

- 200 g Nudeln wie z.b. Spaghetti
- 1 Zwiebel
- 2 EL Olivenöl
- 1 Dose Kichererbsen, Dose
- 250 ml Gemüsebrühe
- 1 EL Tomatenmark
- Kräuter
- Salz & Pfeffer

Zubereitung:

1. Die Zwiebel hacken und in Olivenöl in einem Topf anschwitzen.
2. Kichererbsen, Gemüsebrühe, Tomatenmark und italienische Kräuter dazugeben.
3. Bei mittlerer Hitze 5 Minuten kochen, mit Salz und Pfeffer würzen.
4. Nudeln nach Packungsanleitung kochen und dazu servieren.

Schnelle Reis Rezepte

Reis mit Asia-Gemüse und Hähnchen

Zutaten für 2 Portionen:

- 250 g Hähnchenfilet
- etwas Salz & Pfeffer
- 1 EL Öl
- 1 (600 g) Beutel tiefgefrorener Gemüse-Mix "asiatische Küche"
- 1 (à 250 g) Beutel Express-Reis
- 2 EL süß-saure Sauce für Huhn

Zubereitung:

1. Fleisch abwaschen, trocken tupfen und in Stücke schneiden. Mit Salz und Pfeffer würzen. Öl in einem Wok oder einer großen Pfanne mit hohem Rand erhitzen. Fleisch darin unter Wenden ca. 4 Minuten scharf anbraten. Gemüse und 3 EL Wasser dazugeben, Hitze reduzieren und in 8–9 Minuten fertig garen. Zwischendurch immer wieder umrühren.
2. Derweil 4 EL Wasser in einem Topf erhitzen. Reis hinzugeben, zugedeckt ca. 3 Minuten köcheln lassen und danach herunternehmen. Reis ca. 4 Minuten vor Ende der Kochzeit zum Fleisch geben, mit anbraten. Mit Salz und Chili-Soße abschmecken.

Rahmgeschnetzeltes mit Reis

Zutaten für 2 Portionen:

- etwas Salz
- 200 g Schweineschnitzel
- ½ Bund Lauchzwiebeln
- 150 g Langkornreis
- 1 EL Öl
- etwas Pfeffer
- ½ EL Butter
- 1 EL Mehl
- 1 TL Edelsüßpaprika
- 70 g Schlagsahne

Zubereitung:

1. Für den Reis ca. 1/2 l Salzwasser aufkochen. Fleisch abwaschen, trocken tupfen und in Streifen schneiden. Lauchzwiebeln putzen, waschen und in feine Ringe schneiden. Reis ins kochende Wasser geben und nach Packungsanweisung garen.
2. Öl in einer Pfanne erhitzen. Fleisch darin bei starker Hitze unter Wenden und ca. 3 Minuten kräftig anbraten. Lauchzwiebeln zufügen und ca. 2 Minuten mitbraten. Mit Salz und Pfeffer würzen. Fleisch samt Zwiebeln herausnehmen.
3. Butter im heißen Bratfett schmelzen. Mehl und Paprika darüber stäuben und kurz anschwitzen. 300 ml Wasser und Sahne angießen. Aufkochen und ca. 4 Minuten köcheln lassen. Soße mit Salz und Pfeffer abschmecken. Fleisch samt Zwiebeln zufügen und erhitzen. Alles anrichten und genießen.

Curry-Bowl

Zutaten für 4 Portionen:

- 200 g Langkornreis
- Salz & Pfeffer
- 1 Zwiebel
- 2 EL Öl
- 1-2 TL rote Currypaste
- 1 Dose (à 425 ml) Kokosmilch
- 500 g TK-Gemüsemischung (z. B. Asia-Mix)
- 1 EL Zitronensaft

Zubereitung:

1. Den Reis in ca. 400-500 ml kochendem Salzwasser nach Packungsanweisung garen.
2. Zwiebel schälen und würfeln. Öl in einem Topf erhitzen, Zwiebel und Currypaste darin ca. 2 Minuten andünsten. Mit Kokosmilch ablöschen. Die Gemüsemischung nun zugeben, aufkochen und ca. 3 Minuten bei mittlerer Hitze köcheln. Mit Salz, Pfeffer und Zitronensaft abschmecken. Mit dem Reis anrichten und genießen.

Gemüsereis

Zutaten für 3 Portionen:

- 4 ½ Tassen Wasser
- 1 ½ Tassen Reis (Langkorn)
- 1 ½ EL Gemüsebrühe, gekörnte
- 1 ½ Pck. Gemüse, TK (Buttergemüse)

Zubereitung:

1. Wasser mit der Gemüsebrühe zum Kochen bringen. Den Reis dazugeben und im geschlossenen Topf bei kleiner Hitze leicht köcheln lassen. Nicht umrühren. Der Reis ist fertig, wenn das Wasser komplett vom Reis aufgenommen wurde. Es bilden sich kleine "Krater" auf der Reisoberfläche.
2. Nun das Buttergemüse mit der Würzbutter aus der TK-Packung einrühren, kurz erhitzen und genießen.

Reis nach orientalischer Art

Zutaten für 3 Portionen:

- 2 Tassen Reis (150 g Reis)
- 3 ½ Tassen Wasser
- 2 Prisen Salz
- Abido Arabische 7 Sorten Gewürzmischung (bekommt man bei Rewe), oder auch eine andere Gewürzmischung
- 2 Paprika
- 2 Stück Ingwer, frisch, daumengroß
- 2 Dose Thunfisch, Menge nach Belieben
- Olivenöl
- etwas Frischkäse

Zubereitung:

1. Zuerst wird der Reis gekocht. 1 normale Tasse Reis mit 1 3/4 Tassen Wasser, einer Prise Salz und 2 Messerspitzen Couscous-Gewürzmischung aufkochen und dann 15 Minuten bei schwacher Hitze köcheln lassen, bis das Wasser verdunstet ist.
2. Während der Reis kocht, schneide eine Paprika in Würfel, schäle und schneide ein daumengroßes Stück Ingwer in feine Stückchen. Brate nun beides in einer Pfanne mit etwas Olivenöl etwa 5 Minuten bei hoher bis mittlerer Hitze an. Füge danach 1/2 bis 1 Dose Thunfisch und 1 TL Couscous-Gewürzmischung hinzu und brate es etwas mit an. Gebe nun den gekochten Reis mit in die Pfanne und braten ihn etwas mit an.

Reispfanne mit Bockwürstchen

Zutaten für 3 Portionen:

- 375 g Reis (oder 2 Kochbeutel)
- 300 g Gemüse, gemischtes, TK (z.B. Buttergemüse)
- 1 kl. Dose Würstchen (Bockwürstchen)
- Kräuterbutter
- Salz & Pfeffer

Zubereitung:

1. Den Reis in Salzwasser gar kochen.
2. Die TK-Gemüsemischung in einer großen Pfanne auftauen und die Bockwürstchen in Scheiben schneiden. Die Würstchenscheiben mit der Kräuterbutter zu dem Gemüse geben und leicht anbraten.
3. Den gekochten Reis zu der Gemüse-Wurst-Mischung geben und evtl. mit Salz und Pfeffer abschmecken. Kurz durchrösten und fertig ist das leckere Gericht.

Djuvec-Reis

Zutaten für 4 Portionen:

- 1 Glas Ajvar
- 2 Beutel Reis
- Salzwasser
- 1 Paket Gemüse (Buttergemüse)
- Salz
- etwas Margarine

Zubereitung:

1. Den Kochbeutelreis im Salzwasser kochen und abgießen. Das Buttergemüse nach Packungsanweisung garen.
2. Den Reis nach dem Kochen in eine Schüssel geben und mit Ajvar und Buttergemüse vermengen. Anschließend etwas Margarine dazugeben und mit Salz abschmecken.

Hackfleisch-Reis-Topf mit Tomaten und Gurken

Zutaten für 3 Portionen:

- 100 g Reis
- 400 g Hackfleisch
- 1 kleine Zwiebel
- 1/2 Gurke
- 6 Cocktailtomaten
- 1 Gemüsebrühwürfel
- evtl. Petersilie
- Salz & Pfeffer
- etwas Öl oder Butter zum Braten

Zubereitung:

1. Einen Topf mit heißem Wasser auffüllen und warten bis er kocht. Nun die Gemüsebrühwürfel darin auflösen. Den Reis hineingeben und nach Packungsangabe kochen.
2. Die Zwiebel schälen und in kleine Würfel schneiden. Etwas Öl oder Butter in einer Pfanne erhitzen und das Hackfleisch ca. 2 Minuten braten. Die Zwiebeln zugeben und für weitere 3 Minuten auf mittlerer Hitze mitbraten, dabei ab und zu umrühren. Das Hackfleisch gut mit Salz und Pfeffer würzen.
3. Während das Hackfleisch brät, die Gurke halbieren und in Scheiben schneiden und die Cocktailtomaten vierteln oder achteln. Nachdem das Hackfleisch und die Zwiebeln gut gebraten wurden, die Gurken und Tomaten hinzugeben, gut vermischen und weitere 5 Minuten auf mittlerer Stufe mitgaren, dabei ab und zu umrühren. Nun den gekochten Reis dazugeben, umrühren und evtl. nachwürzen.

Gemüse-Reis-Pfanne mit saurer Sahne

Zutaten für 3 Portionen:

- 3 kleine Zucchini
- 3 Paprikaschoten
- 1 ½ Becher saure Sahne
- 3 kleine Zwiebeln
- 150 g Reis
- Öl
- Salz & Pfeffer
- Basilikum, gerebelt
- Oregano, gerebelt

Zubereitung:

1. Den Reis nach Packungsanweisung kochen.
2. Das Gemüse gut putzen, waschen und in Würfel schneiden. Die Zwiebel ebenfalls würfeln.
3. Etwas Öl in einer Pfanne erhitzen und die Zwiebel darin glasig braten. Anschließend die Zucchini- und Paprikawürfel hinzufügen und bei mittlerer Hitze mitbraten.
4. Die saure Sahne unterrühren und alles mit Salz, Pfeffer und den Gewürzen abschmecken.
5. Den Reis abgießen und unterrühren.
6. Nur mehr anrichten und genießen.

Reissalat

Zutaten für 4 Portionen:

- 300 g Reis
- 1 Salatgurke
- 1 Paprikaschote, rot
- 500 g Joghurt
- evtl. Milch
- Salz & Pfeffer
- Paprikapulver
- 1 Zwiebel
- 400 g Hähnchenbrust
- Öl

Zubereitung:

1. Den Reis mit der doppelten Menge Wasser und etwas Salz gar kochen.
2. Die Hähnchenbrust waschen, trocken tupfen und in kleine Stücke (1,5 x1,5 cm) schneiden und in etwas Öl braten. Danach zur Seite stellen.
3. Die Gurke und Paprika waschen und in kleine Stücke schneiden. Die Zwiebel in kleine Würfel schneiden.
4. Den Joghurt mit Salz, Pfeffer und Paprikapulver würzen, wenn der Joghurt zu fest ist, etwas Milch dazugeben.
5. Nun alle Zutaten in einer großen Schüssel mit dem Joghurtdressing mischen.

Wurst-Reis-Pfanne

Zutaten für 4 Portionen:

- 2 Beutel Reis
- 2 Paar Bockwürste
- 2 Zucchini
- 1 Paprikaschote, rot oder gelb
- 1 Stange Lauch
- Kräuter, (je nach Geschmack)
- Salz und Pfeffer

Zubereitung:

1. Den Reis nach Packungsanleitung kochen.
2. Würstchen, Zucchini, Paprika und Lauch in Scheiben schneiden.
3. Würstchen anbraten, aus der Pfanne nehmen. Zucchini anbraten, Lauch, Paprika und Kräuter zugeben. Würstchen wieder zugeben. Alles würzen.
4. Den gekochten Reis zugeben und mischen.

Gebratener Reis mit jungem Gemüse und Ei

Zutaten für 3 Portionen:

- 150 g Reis
- 1 ½ Dosen Erbsen und Möhren
- 1 ½ Eier
- 150 g Frischkäse mit Kräutern
- Salz & Pfeffer
- n. B. Chiliflocken
- n. B. Currypulver
- etwas Margarine oder Öl

Zubereitung:

1. Den Reis nach Packungsanleitung kochen.
2. In einer Pfanne etwas Margarine bzw. Öl heiß werden lassen. Den Reis und das Gemüse hineingeben und anbraten lassen. Dann zuerst das Ei hinzugeben und verrühren, dann den Frischkäse zufügen.
3. Am Schluss alles nach Geschmack mit Salz, Pfeffer, Chiliflocken und Currypulver je nach Geschmack würzen. Sofort servieren.

Reis mit Schinken und Ei

Zutaten für 3 Portionen:

- 2 Tassen Reis, ca. 200 - 250 ml Inhalt
- 6 Scheiben Kochschinken
- 6 Eier
- Gemüsebrühepulver
- Salz & Pfeffer
- n. B. Basilikum
- n. B. Schnittlauch
- n. B. Petersilie

Zubereitung:

1. Den Reis in einen Topf geben und mit Wasser auffüllen, so dass der Wasserstand ca. 1 - 2 cm über dem Reis liegt. Den Reis auf kleiner Flamme kochen und mal umrühren, bis dieser gar ist.
2. Derweil die Eier mit Gemüsebrühepulver (nur das Instandpulver, ohne Wasser), etwas Salz und Pfeffer verquirlen und in einer Pfanne mit etwas Öl zu Rührei verarbeiten. Anschließend den Schinken würfeln und ebenfalls mitbraten. Nun den Reis sowie die Kräuter nach Bedarf zugeben. Alles erneut mit Gemüsebrühe, Salz und Pfeffer abschmecken.

Curry-Reis-Hack-Pfanne

Zutaten für 3 Portionen:

- 350 g Hackfleisch vom Rind
- 1 Zwiebel, gehackt
- 300 ml Wasser
- 125 g Reis (Kurzzeitreis)
- 300 g Erbsen (TK)
- 1 EL Curry
- 1 EL Zitronensaft
- Salz & Pfeffer
- evtl. Nordseekrabben

Zubereitung:

1. Das Hackfleisch in einer beschichteten Pfanne ohne weitere Zugabe von Fett gut durchbraten. Die gehackte Zwiebel dazugeben und mitbraten. Anschließend Reis, Wasser, Curry, Zitronensaft, Erbsen, Salz und Pfeffer dazugeben.
2. Alles zugedeckt solange garen lassen, bis der Reis nach Packungsanleitung fertig ist.

Hähnchen-Reis Pfanne

Zutaten für 3 Portionen:

- 250 g Reis, oder zwei Kochbeutel
- 1 Dose Erbsen
- 3 Stücke Paprikaschoten, eingelegte
- 4 Hähnchenschenkel, mit Rücken
- 1 Würfel Fleischbrühe, instant
- 1 Liter Wasser
- Gewürzsalz, (Hähnchen-Würzsalz)
- 2 EL Pflanzenöl

Zubereitung:

1. Wasser mit dem Fleischbrühwürfel zum Kochen bringen.
2. Derweil die Haut von den Hänchenschenkeln abziehen, mit dem Hähnchen-Würzsalz würzen und in einer Pfanne mit etwas Öl von allen Seiten kurz anbraten. Die Schenkel auf einem Teller zwischenlagern und den Reis in die Pfanne geben. Den Reis verteilen und ca. eine halbe Minute im Öl anbraten.
3. Nun die Brühe, die Schenkel, die Dose Erbsen und die klein geschnittenen, eingelegten Paprikas in die Pfanne geben, Deckel drauf und so lange kochen, bis der Reis die Brühe komplett aufgenommen hat und keine Flüssigkeit mehr zu sehen ist, dabei alle 5 Minuten einmal umrühren.

Bohnen-Reis-Pfanne mit Würstchen

Zutaten für 3 Portionen:

- 3 Wiener Würstchen
- 1 Dose Kidneybohnen
- 1 Dose Baked Beans in Tomatensauce
- 1 Dose Gemüse (Mexicogemüse), gemischtes
- 150 g Reis
- ½ Tube Tomatenmark
- ½ Tasse Gemüsebrühe
- Salz & Pfeffer
- Paprikapulver, rosenscharf
- Paprikapulver, edelsüß
- Öl

Zubereitung:

1. Den Reis nach Packungsanleitung gar kochen.
2. Die Saitenwürste in Scheiben schneiden und in einer Pfanne in wenig Öl braten, bis sie etwas Farbe haben. Kidneybohnen und Mexico-Gemüse-Mix abgießen.
3. 1/2 - 3/4 Tasse Gemüsebrühe zu den Saitenwürstle in die Pfanne geben und das Tomatenmark unterrühren. Kidneybohnen, Mexico-Gemüse-Mix und Baked Beans mit der Sauce zugeben und warm werden lassen. Mit Salz, Pfeffer und Paprika würzen.
4. Den gekochten Reis unterrühren und servieren.
5. Guten Appetit.

Gebratener Reis mit Thunfisch und Erbsen

Zutaten für 3 Portionen:

- 200 g Langkornreis
- 1 Dose Gemüsemischung mit Erbsen, Mais und Paprikaschote, à ca. 340 g, z. B. Mexiko Mix von Bonduelle
- 1 Zwiebel
- 20 g Ingwer, frisch
- 2 Dosen Thunfisch im eigenen Saft, à 180 g
- 4 EL Sojasauce
- Salz
- etwas Öl zum Braten

Zubereitung:

1. Den Reis in Salzwasser nach Packungsanweisung zubereiten und ganz abkühlen lassen. Den Thunfisch abtropfen lassen. Die Zwiebel schälen und fein würfeln. Den Ingwer schälen und fein hacken.
2. Den Reis in Öl unter Wenden kräftig braten. Die Zwiebel, den Ingwer und die Gemüsemischung dazugeben und bei mittlerer Hitze ca. 8-10 Minuten mitbraten. Den Thunfisch kurz vor Ende der Garzeit unter den Reis heben und mit Sojasoße und Salz nach Geschmack würzen.

Thunfisch-Nudel-Salat

Zutaten für 4 Portionen:

- 500 g Nudeln (Spaghetti)
- 2 Dosen Thunfisch, in Öl eingelegt
- 1 EL Basilikum, getrocknet
- Salz & Pfeffer
- Öl

Zubereitung:

1. Spaghetti nach Packungsanleitung in Salzwasser bissfest kochen, abtropfen lassen, kalt abschrecken und in eine Schüssel geben. Den Thunfisch zerkleinern und zusammen mit dem Öl aus der Dose zu den Spaghetti geben.
2. Mit Basilikum, Salz und Pfeffer abschmecken.

Reis mit Möhren

Zutaten für 4 Portionen:

- 4 Tassen Reis
- 8 Tassen Wasser
- 12 Karotten
- Brühe, gekörnte
- Tomatenmark
- Pfeffer
- Butter

Zubereitung:

1. Die Karotten schälen und in dünne Scheiben schneiden. Mit Wasser und Reis in einen Topf geben, aufkochen lassen, herunter schalten und mit geschlossenem Deckel garen.
2. Zum Schluss mit etwas Tomatenmark, Brühe und Pfeffer abschmecken und einen kleinen Löffel Butter hinzufügen.

Avocado-Reis

Zutaten für 3 Portionen:

- Olivenöl
- 1 Zwiebel
- 1 Zehe Knoblauch
- 250 g Reis
- 500 ml Wasser
- 1 Avocado
- 2 Tomaten
- Zitronensaft
- Salz & Pfeffer
- Paprikapulver

Zubereitung:

1. Die Zwiebel fein würfeln, in einem Topf mit Olivenöl glasig dünsten. Den Knoblauch fein hacken oder einfach durch die Knoblauchpresse drücken, zu den Zwiebeln geben und nicht zu heiß anbraten (da er sonst bitter oder zu penetrant wird). Den Reis dazugeben und unter Rühren auch etwas anrösten. Mit etwa 500 ml Wasser aufgießen, salzen und nach Packungsanweisung kochen.
2. In der Zwischenzeit die Avocado und die Tomaten fein würfeln. Wenn der Reis fertig ist, mit Salz, Pfeffer, Paprikapulver und Zitronensaft abschmecken und Avocado und Tomaten unterheben.
3. Alles kurz ziehen lassen und dann servieren und genießen.

Putengeschnetzeltes mit Pilzen auf Reis

Zutaten für 4 Portionen:

- 400 g Putenfleisch, geschnetzelt
- 1 Gemüsezwiebel
- 4 große Champignons (Riesenchampignons)
- 2 Fleischtomaten
- 200 ml süße Sahne
- 2 Knoblauchzehen, gehackt
- Petersilie
- Salz & Pfeffer
- Olivenöl
- 300 g Reis

Zubereitung:

1. Den Reis laut Packungsanleitung zubereiten.
2. Die Gemüsezwiebel in Ringe schneiden und zusammen mit dem Geschnetzelten und dem Olivenöl in einer Pfanne anbraten. Die Champignons in Scheiben schneiden, die Tomaten würfeln und beides mit anbraten. Den Knoblauch hacken, Petersilie waschen und hacken. Beides in die Pfanne geben.
3. Nun die Sahne dazugeben und alles ca. 5 Minuten köcheln lassen. Mit den Gewürzen abschmecken und mit dem Reis servieren.
4. Guten Appetit.

Knoblauch-Eier-Reis

Zutaten für 3 Portionen:

- 300 g Reis
- 450 ml Wasser
- 30 ml Olivenöl
- 6 Knoblauchzehen
- 3 TL Zucker
- 6 Eier
- 60 ml Mineralwasser mit Kohlensäure
- n. B. Salz

Zubereitung:

1. Den Reis und Wasser in einen Topf geben und die Temperatur hochstellen. 1 TL Salz ins Wasser hinzugeben. Wenn das Wasser kocht, den Herd ausschalten und einen Timer auf 20 Minuten stellen.
2. In der Zeit Olivenöl in eine beschichtete Pfanne geben. Die Knoblauchzehen klein schneiden und in die Pfanne geben. Etwas Salz und 1 TL Zucker hinzufügen.
3. Eier mit Sprudelwasser schaumig schlagen und Salz nach Geschmack hinzufügen.
4. Die Pfanne auf eine mittlere Flamme stellen und den Knoblauch ca. 30 Sekunden braten. Dann das Ei hinzugeben und die Flamme erhöhen. Die ganze Zeit rühren.
5. Wenn das Ei fertig ist, den Reis hinzugeben.

Maispfanne mit Reis

Zutaten für 4 Portionen:

- 2 Tassen Reis
- 2 Pck. Rostbratwürstchen, Nürnberger
- 4 Paprikaschoten
- 2 kl. Dosen Mais

Zubereitung:

1. Den Reis nach Packungsanweisung kochen.
2. Die Würstchen braten. Den Mais abtropfen lassen und die Paprika in Stücke schneiden und beides kurz mit braten.
3. Alles zusammen in eine Schüssel geben und gut mischen.
4. Guten Appetit.

Reis mit Cabanossi und Hähnchenbrust

Zutaten für 4 Portionen:

- 200 g Hähnchenbrustfilets
- 2 Paprikaschoten, rot
- 2 Zwiebeln
- 150 g Cabanossi
- 250 g Reis
- 400 g Tomaten, stückige
- 150 g Erbsen, TK
- Salz & Pfeffer
- 500 ml Hühnerbrühe
- 4 EL Olivenöl

Zubereitung:

1. Die Hähnchenbrust reinigen bzw. waschen, trocken tupfen und in Würfel schneiden. Die Paprika säubern und ebenfalls klein würfeln. Die Zwiebeln in Ringe schneiden und die Cabanossi in Scheiben schneiden.
2. Olivenöl in einer Pfanne erhitzen und das Fleisch, die Cabanossi und den Reis unter Rühren anbraten. Zwiebel, Paprika, gehackte Tomaten und Erbsen dazugeben. Umrühren, mit Salz und Pfeffer würzen, dann die Brühe angießen. Bei geringer Hitze zugedeckt 25 Minuten köcheln lassen und dabei aber nicht umrühren.
3. Danach servieren und genießen.

Reis mit Möhren und Zuckerschoten

Zutaten für 4 Portionen:

- 2 Zwiebeln, mittelgroß, fein gewürfelt
- 250 g Langkornreis
- 2 EL Butter, zerlassen
- Salz
- 400 ml Gemüsebrühe
- 250 g Zuckerschoten
- 250 g Möhren
- 50 g Erdnüsse, gehackt
- 200 g Schinken, geräuchert, fein gewürfelt

Zubereitung:

1. Die Erdnüsse in ein wenig Butter anbraten und salzen. Danach zur Seite stellen.
2. Die Zuckerschoten und Möhren putzen und in feine, etwa 2,5 cm lange, Streifen schneiden.
3. Zwiebeln, Reis und Schinken in Butter schön anschwitzen. Mit Salz würzen. Gemüsebrühe zufügen, aufkochen lassen und den Reis bei mittlerer Hitze ca. 20 Minuten quellen lassen. 5 Minuten vor Ende der Garzeit die Gemüsestreifen zufügen und mit garen.
4. Vor dem Servieren die gehackten Walnüsse unterheben.

Schnelle Dessert Rezepte

Schokopudding mit Eischnee

Zutaten für 3-4 Portionen:

- 500 ml Milch
- 2 Eier (Größe M)
- 40 g Zucker
- 1 Päckchen Puddingpulver "Schokoladengeschmack"

Zubereitung:

1. 450 ml Milch aufkochen lassen. Die Eier trennen. Das Eiweiß steif schlagen, dabei 15 g Zucker einrieseln lassen. 25 g Zucker, Puddingpulver und 50 ml Milch glatt rühren und in die kochende Milch rühren. Eigelb und 2 EL Pudding verrühren, dann unter den restlichen Pudding rühren. Pudding unter Rühren zirka 1 Minute köcheln lassen.
2. Jetzt die Herdplatte ausschalten. Den Eischnee vorsichtig locker unter den Pudding heben. Pudding in Schälchen füllen und abkühlen lassen.

Himbeer-Cookie-Trifle

Zutaten für 4 Portionen:

- 150 g Tiefkühl Himbeeren
- 130 g Double-Chocolate-Cookies
- 150 g Schlagsahne
- 300 g Vanillequark

Zubereitung:

1. Die Beeren etwas antauen lassen. Kekse grob zerbröseln. Sahne steif schlagen und unter den Quark heben.
2. Vanillecreme, angetaute Beeren und Keksbrösel in eine Schüssel schichten.

Mascarpone-Espresso-Creme

Zutaten für 4 Portionen:

- 6 TL Espressopulver (instant)
- 125 g Mascarpone
- 500 g Magerquark
- 50 g Zucker
- 2 EL Zucker
- 200 g Schlagsahne
- 4 EL schokolierte Kaffeebohnen
- 1 TL Puderzucker

Zubereitung:

1. Das Espressopulver in einer Tasse in 6 EL heißem Wasser auflösen und auskühlen lassen.
2. Mascarpone, Quark, Hälfte Espresso und 50 g Zucker mit den Schneebesen des Rührgeräts glatt rühren. Die Sahne steif schlagen, dabei 2 EL Zucker einrieseln lassen. Sahne unter die Creme heben. Rest Espresso mit einer Gabel vorsichtig in die Creme einstrudeln.
3. Die Mascarponecreme am besten mit einem Esslöffel in vier Gläser füllen. Mit je 1 EL schokolierten Kaffeebohnen bestreuen. Mit Puderzucker bestäuben.

Himbeer-Quark-Swirl

Zutaten für 2-3 Portionen:

- 150 g Himbeeren (TK)
- 25 g Baisertuffs
- 100 g Schlagsahne
- 250 g Magerquark
- 4 EL Zucker

Zubereitung:

1. Die Himbeeren auftauen lassen und dann pürieren. Baiser grob zerbröseln. Die Sahne steif schlagen. Quark und Zucker verrühren. Sahne unter den Quark heben.
2. Himbeerpüree, Beeren und Baiser kurz unterheben. In Gläser füllen und kalt stellen.

Schneewittchen Dessert

Zutaten für 3 Portionen:

- 500 g Rote Grütze aus dem Kühlregal
- 250 g Magerquark
- ½ Becher Sahne
- 2 ½ EL Vanillezucker
- 4 EL Schokoladenraspel oder Schokostreusel

Zubereitung:

1. Rote Grütze in eine Schale füllen. Die Sahne mit dem Vanillezucker steif schlagen. Den Magerquark dazugeben und alles gut verrühren. Die Quarkmischung auf der Roten Grütze verteilen.
2. Zum Schluss alles mit Schokoladenraspeln oder Schokostreuseln bestreuen, bis von oben keine Quarkcreme mehr zu sehen ist.

Schnelles Himbeer - Dessert

Zutaten für 4 Portionen:

- 250 ml Sahne
- 2 EL Zucker
- 250 g Himbeeren, (TK)
- ½ Paket Baiser

Zubereitung:

1. Sahne mit Zucker steif schlagen, Himbeeren etwas auftauen lassen in der Mikrowelle. Baiser grob zerbröseln.
2. Zuerst Sahne, dann Himbeeren und dann Baiser schichtweise in eine Glasschale füllen, bis alles verbraucht ist.
3. Oberste Schicht sollten ein paar Himbeeren sein.

Joghurt - Amarettini - Dessert

Zutaten für 3 Portionen:

- 450 g Joghurt
- 150 g Quark
- ¾ TL Zimt
- 4 ½ EL Zucker, braun
- 1 ½ Handvoll Kekse (Amarettini), zerbröselt
- 4 ½ EL Apfelmus, evtl. etwas mehr

Zubereitung:

1. Joghurt, Quark, Zimt mit 3-4 EL braunen Zucker und Apfelmus gut verrühren. Die Masse in 2 Dessertschälchen geben und mit zerbröselten Amarettini-Keksen bestreuen.
2. Geht schnell und schmeckt köstlich.

Haselnussaufstrich Mugcake

Zutaten für 3 Portionen:

- 12 EL Mehl
- 8 EL Zucker
- 4 m.-große Eier
- 12 EL Kakaopulver, ungesüßt
- 12 EL Nutella oder Eigenmarken Haselnusscreme
- 12 EL Sonnenblumenöl
- 12 EL Milch
- 4 Prisen Salz

Zubereitung:

1. Die ganzen Zutaten in einen großen Becher geben und gut verrühren, bis ein glatter schöner Teig entsteht (nicht zu lange rühren, sonst wird der Kuchen nicht so fluffig und saftig, sondern kompakt und fest).
2. Den Becher in die Mikrowelle stellen und auf höchster Stufe 1 1/2 - 2 Minuten garen.

1-Minute-Bananenjoghurt

Zutaten für 3 Portionen:

- 450 Naturjoghurt
- 3 Bananen
- 1 ½ TL Honig, evtl.
- 3 Prisen Zimt

Zubereitung:

1. Die Banane mit der Gabel zerdrücken und mit den restlichen Zutaten vermengen.
2. Schnell, einfach und köstlich.

Arme Ritter

Zutaten für 4 Portionen:

- 4 Scheiben Toastbrot
- 1 Ei
- ¼ Liter Milch
- 50 g Butter
- Zimt
- Zucker

Zubereitung:

1. Die Eier in der Milch gut verquirlen. Die Brotscheiben darin einweichen lassen.
2. Inzwischen die Butter in einer Pfanne auslassen. Die Brotscheiben in der Butter goldbraun braten, bis sie von beiden Seiten knusprig sind. Noch heiß mit Zucker und Zimt bestreuen und warm servieren.

Leichte Quarkspeise

Zutaten für 4 Portionen:

- 200 ml süße Sahne
- 250 g Quark, Magerstufe
- 50 g Zucker
- 1 Pck. Vanillezucker
- etwas Zitronenschale, abgerieben

Zubereitung:

1. Die Sahne steif schlagen. Die ganzen anderen Zutaten gut verrühren, die Schlagsahne in zwei Portionen unterziehen. Ein feines Sieb mit Küchenkrepp auslegen, die Masse einfüllen und mindestens 6 Stunden im Kühlschrank abtropfen lassen.
2. Nocken abstechen oder die ganze Quarkspeise auf eine Platte stürzen.

Beeren - Eis

Zutaten für 3 Portionen:

- 250 g Quark
- 250 g Beeren (Him-, Brom- oder Heidelbeeren oder eine Beerenmischung. TK)
- Süßstoff, nach Bedarf
- evtl. Zitronensaft
- Baiser - Schalen (Meringueschalen) (gibt es bei Rewe ect)

Zubereitung:

1. Den Quark mit den gefrorenen Beeren mixen, bis alles schön sämig ist. Mit Süßstoff und Zitronensaft abschmecken, ev. zerbröselte Meringueschalen in das Eis geben und weitere Meringue in die Dessertschale zerbröseln und das Eis darüber geben.

Zwetschkenjohurt mit Nüssen

Zutaten für 3 Portionen:

- 3 Tassen Zwetschken
- 1 ½ Becher Joghurt
- 6 EL Nüsse (Eigenmarke) nach Wahl

Zubereitung:

1. Die Zwetschken gründlich waschen, entkernen, halbieren und in kleine Stücke schneiden.
2. Die Nüsse in einer Pfanne ohne Fett etwas anrösten.
3. Zwetschken, Joghurt und Nüsse miteinander vermischen und genießen.

Zwetschken-Quark-Creme

Zutaten für 4 Portionen:

- 260 g Zwetschken
- 250 g Quark
- 3 Päckchen Vanillezucker
- 2 EL Puderzucker
- 1 Prise Zimt (gemahlen)
- 0.125l Sahne

Zubereitung:

1. Die Zwetschken gut waschen, abtrocknen, halbieren und entkernen. Im Anschluss sie großwürfelig schneiden und sie mit dem Pürierstab pürieren.
2. Nun den Quark mit dem Vanille- sowie dem Puderzucker und Zimt gut verrühren und unter das Zwetschkenpüree mengen.
3. Die Sahne steif schlagen und ebenfalls unter das Püree ziehen. Zum Schluss die Creme in Dessertschalen füllen und servieren.

Kokos-Joghurt mit Birne

Zutaten für 2-3 Portionen:

- 300 g Magermilch-Joghurt
- 2 (ca. 125 g) kleine Birnen
- 2 EL Rosinen
- 2 TL Kokosraspel
- 2 TL Kokoschips

Zubereitung:

1. Das Joghurt in ein Glas füllen. Birnen waschen, trocken reiben und vierteln. Das Kerngehäuse der Birnen entfernen. Viertel der Länge nach halbieren und in Würfel schneiden. Rosinen und Birnenwürfel vermengen und auf den Joghurt geben.
2. Mit den Kokosraspel bestreuen und mit Kokoschips verzieren.

Mascarpone-Joghurtcreme mit Blaubeeren

Zutaten für 2-3 Portionen:

- 2 EL Mandeln
- 1 Bio-Zitrone
- 150 g Mascarpone
- 200 g griechischer Joghurt
- 3 EL Puderzucker
- 150 g Blaubeeren

Zubereitung:

1. Die Mandeln in einer beschichteten Pfanne ohne Fett rösten. Herausnehmen und auskühlen lassen. Dann grob hacken.
2. Die Zitrone waschen und die Schale abreiben. Eine Hälfte auspressen. Mascarpone, Joghurt, Puderzucker, Zitronenschale und -saft verrühren. Die Blaubeeren waschen, abtropfen lassen und unter die Creme heben. Mit Mandeln bestreuen und genießen.

Schokopudding mit Eischnee

Zutaten für 2-3 Portionen:

- 500 ml Milch
- 2 Eier (Größe M)
- 40 g Zucker
- 1 Päckchen Puddingpulver "Schokoladengeschmack"

Zubereitung:

1. 450 ml Milch aufkochen lassen. Die Eier trennen. Eiweiß steif schlagen, dabei 15 g Zucker einrieseln lassen. 25 g Zucker, Puddingpulver und 50 ml Milch glatt rühren und in die kochende Milch rühren. Eigelb und 2 EL Pudding verrühren, dann unter den restlichen Pudding rühren. Pudding unter Rühren ca. 1 Minute köcheln lassen.
2. Die Herdplatte ausschalten. Eischnee vorsichtig locker unter den Pudding heben. Pudding in Schälchen füllen und abkühlen lassen.

Honigbanane mit Eis

Zutaten für 3-4 Portionen:

- 5–6 EL Kokosraspel
- 6 Bananen
- 3 EL Butter
- 4 EL flüssiger Honig
- 2 EL Limettensaft
- 4 Kugeln Vanilleeis

Zubereitung:

1. Die Kokosraspel in einer Pfanne ohne Öl goldbraun rösten, herausnehmen und abkühlen lassen. Bananen schälen, längs halbieren. Hälfte Butter in der Pfanne erhitzen. 6 Bananenhälften darin von jeder Seite ca. 2 Minuten braten.
2. Kurz vor Ende der Bratzeit 2 EL Honig und 1 EL Limettensaft zugeben. Die übrigen Bananen im Rest Butter mit übrigem Honig und Limettensaft ebenso zubereiten.
3. Bananen auf vier Tellern verteilen. Mit Honigsud beträufeln und mit 1–2 EL Kokosraspeln bestreuen. Die Eiskugeln nacheinander rasch in den übrigen Kokosraspeln wenden und auf die Teller verteilen.

Käsekuchen-Shake

Zutaten für 2-3 Portionen:

- 2 Gläser (à ca. 300 ml Inhalt)
- 250 g Magerquark
- 250 g Buttermilch
- 1 Msp. gemahlene Vanille
- Vanille
- 2 EL gemahlene Mandelkerne
- 3-4 EL Agavendicksaft

Zubereitung:

1. Quark, Buttermilch, Vanille, Mandeln und Agavendicksaft im Mixer fein pürieren, bzw. aufmixen.
2. In Gläser füllen und mit Vanille bestreuen.

Schokokuss-Creme mit Mandarinen

Zutaten für 4 Portionen:

- 8 Schaumküsse
- 200 g Schlagsahne
- 250 g Magerquark
- 1 Dose (à ca. 315 g) Mandarin-Orangen
- 1 Pck. Oreos

Zubereitung:

1. Die Schaumküsse von den Waffeln ablösen. 4 Waffeln beiseite legen, übrige Waffeln anderweitig verwenden. Die Sahne steif schlagen. Quark und Schaumküsse verrühren. Sahne unterheben.
2. Mandarinen in ein Sieb geben und abtropfen lassen. Oreos klein hacken. Kekse, Mandarinen und Creme in 4 Gläser schichten und mit Waffeln garnieren.

Hüttenkäse mit Apfelkompott und Preiselbeeren

Zutaten für 1 Portion:

- 150 g Hüttenkäse
- 1 TL Ahornsirup
- 1 EL stückiges Apfelmus
- 1 TL Preiselbeeren (Glas, im eigenen Saft)
- Minze und Apfelspalt

Zubereitung:

1. Den Hüttenkäse in eine Schüssel geben und mit Sirup beträufeln.
2. Apfelmus und Preiselbeeren darauf anrichten. Mit Minze und Apfelspalt verzieren.

Hüttenkäse-Vanilledessert

Zutaten für 3 Portionen:

- 4 Blatt Gelatine
- 4 EL Pfirsichsaft (a.d. Dose)
- 200 g Schlagsahne
- 200 g Hüttenkäse
- 2 (à 150 g) Becher Vanille-Joghurt
- 2 Pfirsichhälften (a.d. Dose)
- 100 g Heidelbeeren (TK)
- Zitronenmelisse

Zubereitung:

1. Die Heidelbeeren auftauen lassen. Die Gelatine in kaltem Wasser einweichen. Saft erwärmen, Gelatine darin auflösen. Sahne steif schlagen. Hüttenkäse, Joghurt verrühren. Gelatine mit Saft unterrühren. Sahne unterheben. Creme auf vier Dessertgläser verteilen und im Kühlschrank festwerden lassen.
2. Mit Pfirsichspalten, Heidelbeeren und Melisse verzieren.

Cottage Cheese mit Aprikosen und Mandeln

Zutaten für 2 Portionen:

- 4 Aprikosenhälften (à ca. 16 g;
- 20 g Mandeln
- 150 g körniger Frischkäse (0,8 % Fett)
- 1 EL Magermilch-Joghurt
- 1 TL flüssiger Honig

Zubereitung:

1. Die Aprikosen in Spalten schneiden. Mandeln fein hacken. Hüttenkäse und Joghurt glatt rühren. Mit Aprikosen, Honig und Mandeln anrichten.

Bananen-Hüttenkäse auf Vollkornbrot mit Kirschkonfitüre

Zutaten für 2 Portionen:

- 1 Banane (60 g)
- 100 g Hüttenkäse
- 2 Scheiben (à 50 g) Vollkornbrot
- 2 TL Sauerkirsch Fruchtaufstrich (70 % Frucht)

Zubereitung:

1. Die Banane schälen und in Würfel schneiden. Bananenwürfel und Hüttenkäse vorsichtig miteinander vermengen. Brotscheiben mit Hüttenkäse bestreichen. Fruchtaufstrich glatt rühren, je 1 Teelöffel auf jede Scheibe geben und sofort servieren.

Himbeeren mit Hüttenkäse und Cornflakes

Zutaten für 1 Portion:

- 100 g Himbeeren, (TK)
- 30 g Cornflakes
- 200 g Hüttenkäse (light)
- 1 TL Ahornsirup
- 1 TL Haselnussblättchen
- Minze

Zubereitung:

1. Die Himbeeren auftauen lassen. Cornflakes in eine Schüssel geben. Himbeeren, bis auf einige zum Verzieren, unter den Hüttenkäse heben und auf die Cornflakes geben. Mit Himbeeren und Minze verzieren. Ahornsirup darüberträufeln. Mit Haselnussblättchen bestreuen.

Erdbeerdessert mit Tonkabohne und Cottage Cheese

Zutaten für 3 Portionen:

- 200 g Cottage Cheese
- n. B. Zucker
- 1/2 Vanilleschote
- 12 Erdbeeren
- 1/2 Becher Sahne
- 1/4 Tonkabohne, gerieben

Zubereitung:

1. Für die erste Schicht des Desserts das Vanillemark mit dem körnigen Frischkäse und Zucker verrühren.
2. Von dieser Masse jeweils einen Esslöffel in drei kleine Gläser geben.
3. Dem Rest der Masse fünf der Erdbeeren hinzugeben und alles mit dem Stabmixer gut pürieren. Dieses Püree als nächste Schicht gleichmäßig auf die Gläser verteilen.
4. Als nächstes wieder fünf Erdbeeren mixen und wieder auf die Gläser verteilen.
5. Für die oberste Schicht der Gläser die Sahne mit Tonkabohne und Zucker steif schlagen, die übrigen Erdbeeren in Würfelchen schneiden und unter die Sahne heben. Die Erdbeersahne wiederum in die Gläser füllen.
6. Zum Garnieren kann man natürlich nochmal Erdbeeren verwenden oder auch z.B. Minze.
7. Guten Appetit.

Bratapfel mit Cottage Cheese

Zutaten für 1 Bratapfel:

- 1 Apfel
- 50 g Frischkäse, körniger
- 1 TL Honig
- 1 EL Rosinen
- Zimtpulver

Zubereitung:

1. Den Apfel gut aushöhlen. Dabei darauf achten, dass unten kein Loch entsteht, damit die Füllung nicht rauslaufen kann. Die Innenseiten mit Zimt bestreuen.
2. Frischkäse, Honig und Rosinen verrühren und in den Apfel füllen. Mit Zimt bestreuen und in eine Auflaufform setzen. Bei 200 °C etwa 20 Minuten backen.

Schokocreme mit Birne und körnigen Frischkäse

Zutaten für 3 Portionen:

- 1 Becher körniger Frischkäse
- 1 Dose Birnen
- 1 Tüte Schokoladenpuddingpulver
- 100 ml Schlagsahne
- 400 ml Birnensaft
- evtl. 50 ml Wasser

Zubereitung:

1. Die Birnen abschütten, den Birnensaft (400 ml) auffangen und zum Kochen bringen. Währenddessen das Puddingpulver mit etwas Flüssigkeit, Birnensaft oder Wasser (50 ml) anrühren und zu dem kochenden Birnensaft geben, also einen tollen Pudding kochen. Fertigen Pudding kurz abkühlen lassen.
2. Die Birnen mit einem Pürierstab zu Mus zerkleinern.
3. Den körnigen Frischkäse in eine Schüssel geben. Die Schlagsahne schlagen und zu dem Frischkäse geben und gut verrühren, darf ruhig flüssiger werden.
4. Zum Schluss alles in Gläser schichten, mit Birnenmus beginnen, dann Schokopudding und zuletzt die Käsecreme und wieder wie zuvor, bis alles aufgebraucht ist. Kann sofort verzehrt oder für späteren Verzehr kalt gestellt werden.

Granatapfeldessert mit körnigen Frischkäse

Zutaten für 2 Portionen:

- 200 g körniger Frischkäse
- 1 EL Milch
- 1 1/2 EL Honig
- 60 g Granatapfelkerne
- 10 g Mandeln, gehobelt oder gehackt
- etwas Zimt

Zubereitung:

1. Den Hüttenkäse mit Milch und Honig etwas glatt rühren. Dann die ausgelösten Granatapfelkerne und die Mandeln unterheben und mit Zimt abschmecken.

Orangenbecher mit körnigen Frischkäse

Zutaten für 4 Portionen:

- 4 Orangen
- 400 g Frischkäse
- 3 EL Honig
- 1 Stück Ingwer (kleines Stück), eingelegt, fein geraspelt

Zubereitung:

1. Die Orangen und Äpfel schälen, dabei die weiße Haut völlig mit entfernen und die Fruchtspalten zwischen den Trennhäuten herauslösen. Zur Seite stellen.
2. Die Reste auspressen und den Saft dabei auffangen. Mit dem Honig und der fein geraspelten Ingwerknolle gut mischen. Den Frischkäse dazugeben und gut durchmischen.
3. Diese Mischung in dekorativen Dessertgläsern anrichten. Mit den Orangenspalten garnieren und evtl. noch mit etwas Honig beträufeln.

Vielen Dank

Ich möchte mich bei dir bedanken, dass du dich schlussendlich für dieses Kochbuch entschieden hast.

Ich hoffe, dass ich dir wirklich mit diesem Studenten Kochbuch weiterhelfen konnte, zudem wünsche ich dir viel Glück und drücke dir die Daumen für dein Studium.

Impressum

Fabian Magrutsch
Schallergasse 13/5
1120 Wien

Printed in Poland
by Amazon Fulfillment
Poland Sp. z o.o., Wrocław

85244139R00058